ESTP

16タイプ診断でわかるあなたのトリセツ

権藤晴美　すぐる画伯 イラスト

ISTJ

はじめに

はじめまして。権藤晴美と申します。

わたしは日本の企業や個人を対象に、12年の間、時間にすると１万時間以上、16タイプを使った研修やコーチングを行ってきました。

最近、日本でも「16タイプ診断」について目にすることが増えていますが、どんなものかご存じですか？

「16タイプ診断」は、スイスの心理学者カール・グスタフ・ユングが提唱した「人の心の動きや脳の思考はパターンが決まっている」という考えがもとにあります。
ヨーロッパやアメリカでは何十年も前から知られており、特にアメリカでは、学生たちが進路を決めるときに活用されてきました。相手のことを知りたいとき、日本では「あなたの血液型は？」と聞くことが多いですよね。ところが欧米では血液型を使った性格診断は信じられておらず、代わりに「16タイプ診断」が活用されてきたのです。
その後、BTSをはじめとする人気アイドルが自分のタイプを公表するようになったことをきっかけに、韓国、日本で爆発的な広がりを見せました。

16タイプを知ることは、自分を分析し理解することに繋（つな）がります。言い換えると、「今まで知っているようで知らなかった自分と出会える」ということです。このスキルは、あなたが集団や社会のなかで自分らしく活躍するためにきっと役立つでしょう。

自分のタイプを知れば、人生の“地図”と“コンパス”を手にしたような感覚になれるはずです！

生きにくさを抱えている人は生きやすくなるコツを得ることができますし、目標を持っている人はアプローチの方法を考える材料を得ることができるでしょう。

人生に迷ったときは、本書の該当ページ（=“地図”）を開いて自分の居場所を確認し、この地図のなかに記されている アドバイス（=“コンパス”）を使って進む道を探ってください。

あなたが自分を理解し、受け入れ、周りの人を愛せるようになることを願っています。

タイプコーチ
権藤 晴美

CONTENTS

責任重視タイプ

自由重視タイプ

知識重視タイプ

理想重視タイプ

まずは

自分のタイプを見つけよう！

自分のタイプが分からない方のために、簡単な診断をご用意しました。ステップは４つ。各ステップに５個の質問があります。あなたはどちらの傾向が強いですか？

STEP1
E or I
診断

あなたの興味関心はどこに向いていますか？

５個の質問のうち、チェックが多い方があなたのタイプです。

	E（外向型）			I（内向型）
Q1	周りの変化に気付きやすい	□	or □	自分の変化に気付きやすい
Q2	発言しながら考える	□	or □	考えてから発言したい
Q3	初対面の人にも話しかける	□	or □	初対面の人は様子を見る
Q4	表情に出やすい	□	or □	表情に出にくい
Q5	人脈を広げたい	□	or □	友だちは少人数で満足

E型？　I型？　あなたはどっちが多かった？

□

STEP 2
S or N
診断

あなたはどのように情報を受け取りますか？

5個の質問のうち、チェックが多い方があなたのタイプです。

	S（五感型）			N（直観型）
Q1	具体的な情報を知りたい	□	or □	大まかな情報があれば十分
Q2	経験したことを信じる	□	or □	「どんな可能性があるか」を考えることが好き
Q3	親しみのあるものを選ぶ	□	or □	ユニークで斬新なものを選ぶ
Q4	目の前の現実が気になる	□	or □	目の前のことを考えるより想像している方が楽しい
Q5	過去、現在の話が多い	□	or □	未来の話が多い

S型？　N型？　あなたはどっちが多かった？

□

STEP 3
T or F
診断

あなたはどのように決断しますか？

5個の質問のうち、チェックが多い方があなたのタイプです。

	T（思考型）			F（感体型）
Q1	言葉を大切にしている	□	or	□	気持ちや態度を大切にしている
Q2	「理解」が大切だと考えている	□	or	□	「共感」が大切だと考えている
Q3	必要なのは、数字、データ、情報、事実	□	or	□	必要なのは、性格、価値感、人間関係
Q4	イラッとするのは、筋道が通っていないとき	□	or	□	イラッとするのは、言葉と表情が一致していないとき
Q5	響く言葉は、真実、効率、正義	□	or	□	響く言葉は、愛、思いやり、慈悲

T型？　F型？　あなたはどっちが多かった？

□

STEP4
J or P
診断

あなたの取り組み方は？

5個の質問のうち、チェックが多い方があなたのタイプです。

	J（決断型）			P（柔軟型）
Q1	締め切りやルールを作ると安心する	□	or □	自由でいることを大切にしている
Q2	予定通りに動くことができると安心する	□	or □	臨機応変に動くことができる。変化に強い
Q3	自分の基準で判断する	□	or □	いろいろな意見を受け入れる
Q4	「普通は〇〇」とよく言ってしまう	□	or □	「普通は〇〇」と言われると、「それはあなたの普通でしょ」と思う
Q5	タスクをこなすこと優先	□	or □	楽しむこと優先

J型？　P型？　あなたはどっちが多かった？

□

	STEP1	STEP2	STEP3	STEP4	
あなたは	□	□	□	□	タイプ

16タイプ一覧

グループ	タイプ	イメージ
責任重視タイプ	ESTJ	幹部
	ISTJ	管理者
	ESFJ	領事
	ISFJ	擁護者
自由重視タイプ	ESTP	起業家
	ISTP	巨匠
	ESFP	エンターテイナー
	ISFP	冒険家
知識重視タイプ	ENTJ	指揮官
	INTJ	建築家
	ENTP	討論者
	INTP	論理学者
理想重視タイプ	ENFP	運動家
	INFP	仲介者
	ENFJ	主人公
	INFJ	提唱者

キャッチコピー	ページ
目標を達成するまで努力する。責任感が強いタイプ	p.12
やるべきことは必ずやり遂げる。 伝統やルールを大切にするタイプ	p.24
完璧な生徒会長！　世話好きで人に尽くすタイプ	p.36
「おもてなしの心」を持つ、誰もが認める優しいタイプ	p.48
退屈な時間はもったいない！ ユーモアのセンスが抜群な人気者	p.60
問題を解決するまで集中する、クールな一匹狼！	p.72
人生は一度きり！ 「今」を楽しく生きることに情熱を注ぐタイプ	p.84
相手を理解し思いやる。美的センスが抜群！	p.96
カリスマ的存在！　生まれながらのリーダータイプ	p.108
独創的で完璧主義。40〜50年先を見ているタイプ	p.120
頭脳明晰で新しいもの好き！　次から次へと飛びつくタイプ	p.132
世のなかのすべてを理解したい！ 知識を得ることが趣味なタイプ	p.144
新しい可能性を信じて挑戦するアイデアマン！	p.156
感受性豊かで自分の信念を貫き通すタイプ	p.168
人と人を繋(つな)げる、生まれながらの教育者タイプ	p.180
自分の理想を求めて行動し、 社会に大きな影響を与えるタイプ	p.192

幹部タイプ

ESTJ

目標を達成するまで努力する。
責任感が強いタイプ

ESTJの偉人は……

ダグラス・マッカーサー
ドワイト・D・アイゼンハワー
稲盛和夫

性格

☞ 責任感があるので周りの人から頼られる

☞ 白黒はっきり、ストレートな言い方が好き

☞ 組織（グループ）のルールや伝統を大事にする

「幹部タイプ」は他のどのタイプよりも一度設定した目標に責任を持ちます。また、目標を達成するまで努力をするタイプなので、ビジネスでの成功をおさめやすく、管理職として昇進することが多い傾向があります。伝統や組織のルールをとても大事にするので、大きなグループ、大きな企業でも十分に活躍できるでしょう。

また、物事を計画的かつ効率よく進めようとするので、周りから「この人なら大丈夫」と信頼されます。例えばパーティーの主催を任された場合、①日時、②参加人数、③場所、④予算をはっきりさせてから、買い出しのスケジュールなどを立てていきます。もちろん、当日のスケジュールもしっかり決め、周りの人にも守らせるタイプです。慣れていることに対しては行動が早いため、周囲からは「行動力のある人」と評価されることも。

自分の感覚や願望ではなく、結果や数字を見て現実的に判断するので、時計やカレンダー、金額など、客観的に誰が見ても測れるものを重視しています。

一方、効率や結果を出すことを優先しすぎて、自分や人の感情の変化に気付かないことがあります。

ストレスがかかると

普段は自分の感情をコントロールしている ESTJ ですが、ストレスを感じると、混乱してルールを無視し始めます。また、普段は優先順位をきちんと決めてから計画を立てるのに対し、次から次へと意識が移ることが多くなり、最後までやり遂げずに諦めてしまいます。ESTJ が整理整頓や掃除をしなくなったら、ストレスを抱えている証拠です。

より深刻なストレスを抱えると、突然1人でも人前でも泣き出すことがあります。例えば、2週間にわたり、夜中に起きて泣いたりします。

ストレス時には無口で引っ込み思案になりますが、これは自分の感情と思考をコントロールしようとしているからです。

人生の先輩からアドバイス

自分や他人を許すことを学んで

「効率」よりも「効果」を重視する楽しさを知ろう

自分の感情を整理する時間を作ろう

生活のなかで気を付けるといいこと

ESTJはやるべきことをやり遂げ、結果や成果を褒められることを何よりも幸せに感じます。別の言い方をすると、自分のことを自分で認めることができないため、周りから認められることを常に望んでいます。また、自分を認めてくれない相手のことを敵だと感じてしまうこともあります。

ESTJは特に、自分で自分を認めることができるように努力することも大切です。自分の良いところも悪いところも認めることができるようになれば、成果や周りからの評価も自然と上がっていきます。

人間関係で気を付けるといいこと

「寂しい」という気持ちをきちんと言葉にする練習を

しましょう。

ESTJは人との交流が大好きで、そこからエネルギーを得ますが、自分の感情、特に寂しい気持ちや傷ついていることをどう表現して良いか分からず、相手を攻撃したり責めたり、引きこもったりすることがあります。

ESTJが深い人間関係を築くためには、自分の感情とうまく付き合い、本来の「前向きに問題解決できる人」への戻り方を学ぶことが大事です。

人間関係が自分にとって重要であることを認めて受け入れ、自分の感情をコントロールすることが、ポイントになります。

強み

- 率先して仕事をする
- 困っている人にすぐに声をかける
- 家族や友人との約束を必ず守る
- やるべきことを最後までやり遂げる
- 周りの人の動きや環境を観察することが得意
- 自分がどのような立場にいることが
  グループにとってベストなのか、理解している

- 自分のチームやグループをとても大切にしている
- 目標を達成するまでひたすら行動できる
- 慣れ親しんだ仕事では成功しやすい
- システムやルールを作り出すことが得意
- 自分の好き嫌いではなく、具体的な結果をもとに人を評価することができる

弱み

- 人の話を素直に受け入れることができない
- ケアレスミスが多い
- 目標を達成することを重視するあまり、人の気持ちを考えられないときがある
- 自分の間違いを認めない
- 柔軟に対応できない
- 感情や人間関係を重視する人と対立する
- 自信家だが、自分で自分を認めることができない
- 予定が変わるとストレスを感じる
- 新しいことに挑戦することが苦手

こんな仕事・職場がおすすめ

- 評価制度が整っている職場、昇進がある職場
- 報告・連絡・相談がしっかりできる環境
- 数字やデータを確認することが重要な仕事
- 伝統のある大企業

ESTJにとって、システムや規則はとても重要です。ESTJは自分の時間とエネルギーの使い方を事前に計画してから行動するため、目標が明確でなかったり、コロコロ変わったりすると、とてもストレスを感じます。目標が分かりやすく定められていて、具体的で達成が可能である仕事、もしくは自分の役割と責任が明確でシステム化されている職場が合うでしょう。

また、報連相（報告・連絡・相談）を意識するタイプなので、一緒に働く人たちにも報連相を求めます。

人と交流することが好きで、かつ人を管理することが好きなので、マネージャーなどのポジションに就くと大成する可能性が高いでしょう。えこひいきせず、きちんと部下を評価することができます。

30代・女性 ／ 職業 プログラマー（エンジニア）

ゼロから目標までのプランを作成し締め切りに間に合うようにチームを動かすことが得意です。効率の良いやり方を見つけるとワクワクします。今の職場は、１日の時間を自分で管理できるので、自分に合っていると感じます。

20代・男性 ／ 職業 営業マネージャー

やると決めたことをコツコツやり続ける力がこの仕事で活きています。また、仕事を始めてみて、自分は目標達成のための反省と改善が早いことに気付きました。部下たちと目標達成のために意見を出し合って刺激し合う時間がとても楽しいです。

各タイプとどう関わる？

ESTJの人とは？

飾らず、誠実な２人です。「伝える」だけでなく、「聴く」こと。あなたたちは相手の話を遮ったり、断る傾向が強いので、お互いに「聴く」を意識しましょう。同じような日常を繰り返していると次第に退屈さを感じるタイプです。常識に縛られやすい傾向もあるので、新しいことを一緒に試すようにすると良い関係を築くことができます。

ISTJの人とは？

同じような考え方を持ち、率直な意見を言える２人なので、初めは楽しい関係に思えるかもしれません。しかし、しばらくするとあなたからの批判に相手は疲れてしまいます。短所より長所を見るようにしましょう。相手は静かな１人の時間や変化に対応する時間を大切にしているので、尊重するようにしましょう。

ESFJの人とは？

あなたは相手の温かさと愛情に惹かれるでしょう。常に相手の問題を解決しようとせず、まずは耳を傾けることが大切です。相手には感情的なところがあります。自由に感情を表現できる関係性を作れるように、心がけましょう。相手のことを理解できないと感じても、忍耐強く向き合うようにしましょう。

ISFJの人とは？

あなたは相手の思いやりのあるところが好きです。相手には忍耐強く、注意深く、敬意を持って接しましょう。穏やかに話すことと、相手の長所を褒めること、感謝することを忘れないようにしてください。また、相手の個人的な情報を決して他人に教えないこと。積極的に活動することを相手に強要しすぎないようにしてください。

ESTPの人とは？

どちらも活発でおしゃべりで社交的です。相手は楽しさを優先します。責任感の強いあなたはイライラするかもしれませんが、できるだけ相手を自由にさせてあげましょう。「人生は短い」ということを意識し、たまには予定を決めずに一緒に過ごしてみると、良い発見がありそうです。

ISTPの人とは？

現実的な２人です。あなたは相手の適応力に惹かれます。相手に１人で過ごす時間・空間を与え、プライバシーを守りながら、自分の感情や考え方を共有するとうまくいきます。相手をコントロールしたり、プレッシャーを与えないように注意してください。大人数が集まる場へ無理に連れ出さないようにしましょう。

ESFPの人とは？

どちらも社交的で細部にこだわる性格です。あなたは相手の愛情深く明るい性格に惹かれています。相手の自由を尊重してあげましょう。喜ばせるためには何が必要か積極的に考えましょう。プレゼント、思いやりのある言葉や行動で自分の愛情を表現しましょう。相手が行きたいイベントへ一緒に行くのがおすすめです。

ISFPの人とは？

どちらも「今」を生きる、現実的な２人です。あなたは相手の穏やかで愛情深く、楽しい人柄に惹かれていくでしょう。相手の1人の時間を尊重し、愛情を示すようにしましょう。気遣いを示し、優しく耳を傾けることも大切です。相手をコントロールしすぎると、次第に離れてしまうので注意してください。

ENTJの人とは？

活動的で野心的、おしゃべり好きな２人です。お互いの共通点にも違う点にも惹かれるでしょう。相手の創造性とカリスマ性を褒めてあげましょう。新しい挑戦をすることは、相手にとって大切なことなので、詳細にこだわらず辛抱強く付き合って。指摘よりも認めることで愛情を示しましょう。

INTJの人とは？

意志が強く、決断力のある２人です。あなたは相手のユニークな視点や洞察力に惹かれます。相手はキャリアや仕事について深く考えるタイプなので、相手に１人の時間や自由を与え、積極的に応援してあげましょう。興味の対象が全く異なる２人ですが、一緒に何かを学ぶとさらに仲良くなれそうです。

ENTPの人とは？

エネルギッシュで目標を達成したいという気持ちが強い２人です。あなたは相手の独創的な考え方に惹かれますが、ときに予想外のアイデアで混乱したりイライラすることもありそうです。相手のアイデアにはオープンマインドで耳を傾けること。２人で楽しく臨機応変に行動する練習をしましょう。

INTPの人とは？

楽観的で正直な２人です。相手の面白さや独創性の虜になるでしょう。１人の時間が欲しいという相手の気持ちを尊重してください。指摘する前に、相手の話をしっかり聴くこと。あなたはルールを守ってほしいタイプですが、たまには成り行きに任せることも重要です。２人で楽しめる趣味を見つけるとさらに仲が深まります。

ENFPの人とは？

一緒にいると楽しい時間を過ごせる２人です。あなたは相手の温かさと冒険心が好き。ですが、関係を保つためには努力する必要があります。相手に対して批判的になりすぎず、話を素直に聞くようにしましょう。あなたがリラックスして楽しく過ごせるように尽力してくれているので、感謝の気持ちを忘れないようにしましょう。

INFPの人とは？

ときに対立しますが、お互いに足りないものを補い合える２人です。相手は今まで出会ったことがないと思うほどあなたを気遣ってくれるでしょう。相手の話には優しく、忍耐強く、耳を傾けること。理解できないからといって、相手の気持ちを否定してはいけません。問題点を探すよりも、相手の良いところを見るように心がけましょう。

ENFJの人とは？

活動的で、協力することで結果を出せる２人です。あなたは相手の温かさ、心地良くしてくれるところを気に入るでしょう。相手はあなたの褒め言葉を必要としています。お互いの関係性について話す時間を作りましょう。声のトーンを和らげ、微笑み、ポジティブな雰囲気を意識して。相手の新しい視点を受け入れる意識を持ちましょう。

INFJの人とは？

お互いに頼りがいがあり、物事をやり遂げるという姿勢を大切にしています。あなたは相手の温かさと誠実さに惹かれていきます。相手の複雑な思考を理解できないときも、忍耐強く聴いてあげましょう。じっくり考えてから意見を伝えてください。自分の気持ちを相手としっかり共有することで、理解し合える関係性です。

ESTJの家族、友だち、知り合いはいますか？

管理者タイプ

ISTJ

やるべきことは必ずやり遂げる。
伝統やルールを大切にするタイプ

ISTJの
偉人は……

徳川家康　ジョージ・ワシントン
エリザベス2世

性格

☞ 外から見ると落ち着いていて、責任感がある。縁の下の力持ち

☞ 課題や仕事にコツコツ取り組む

☞ 社会のルールや学校、会社、団体に従う

伝統を大切にし、正直で、勉強や仕事に真剣に取り組みます。チームやグループに尽くすことが自分の役割だと思っているので、縁の下の力持ちになることも多いでしょう。これこそ、「管理者タイプ」です。

「大切な組織のため」と納得し、自分の能力と経験が役に立つ範囲できっちりと仕事をこなせる人です。経験を継続的に重ねていくことで自信をつけるタイプなので、変化や新しいことを好みません。

余分なエネルギーを使わなくて済む「ルーティン化された行動」を好みます。例えば、毎朝同じメニューを食べる、家に帰ってきてから寝るまでの行動が決まっている、洗濯物を干す順番が同じ、買い物は決まった店でする、などです。

また、部屋などでは物を置く場所を決めていて、使った後は必ず元の場所に戻します。お金にも慎重で、しっかり計画を立ててから使うタイプです。

気持ちを表にあまり出さないので感情的な印象は持たれませんが、実は焦っていたり、不安になったりすることがよくあります。

自分が尊敬している人にはまっすぐに従います。「自分の役割を果たしていない」と指摘されることがとても苦手です。

 ストレスがかかると

ストレスを感じたときのISTJの特徴は3つあります。1つ目は「細かくなりすぎる」こと。気になったことについていろいろと調べすぎてしまい、次第に自分を追い詰めていきます。例えば、テスト勉強中に1つの問題について必要以上に調べてしまい、テストに出る範囲の勉強をすべて終わらせることができなくなったりします。

2つ目は「無責任になる」こと。長い間会社にストレスを感じていたISTJの男性は、最も業務が忙しい時期に会社を辞めることを決めました。普段は冷静で注意深いISTJですが、ストレスがかかると暴走し、周りに迷惑がかかるような行動をとってしまうことがあります。

3つ目は、「想像力が暴走し、ネガティブになって

しまう」ことです。何か1つ嫌なことが起きただけで人生が一気に悪くなったように落ち込んでしまったりします。

人生の先輩からアドバイス

自分の態度が周りの人にどのような影響を与えているかを知ろう

テキトーさが大切なときもあります

楽しそうと思ったら即行動。
自分の世界を広げてみよう

生活のなかで気を付けるといいこと

ISTJは他のどのタイプよりも自分を追い込んでしまうタイプです。優先順位は仕事、家族、周りの人、自分の順番です。

この傾向は特に学校や職場で分かりやすく現れます。何かを達成するために長時間1人で働くことを苦としません。効率的であること、ルールに従うこと、サービスや製品を良いものにすることに集中するあまり、次第にストレスを感じ、想像力や楽しさ、モチベーションを失っていきます。

ISTJは、リラックスすることや、遊ぶ時間をとることの大切さ、そして、物事にはいろいろなアプローチの仕方があることを知る必要があります。柔軟な考え方を持つことでISTJは自分の人生と仕事をより楽しむことができるようになるでしょう。

人間関係で気を付けるといいこと

ISTJは相手によく尽くすタイプで、相手のために行動することが得意ですが、自分の感情を相手に伝えることは苦手です。そんな自分を理解し、行動だけではなく言葉で気持ちを伝えるようにしましょう。

また、ISTJは自分とは異なる行動をとる人や異なる感情を持っている人を受け入れることが苦手です。細かい部分にこだわり、勤勉で実用的、責任感が強いISTJは、周りの人にも同じことを期待します。例えば、ISTJは遅刻する人をなかなか理解することができません。「どうして遅刻をしてしまうのか」「なぜ遅刻をしないように計画することができないのか」が分からないのです。

16タイプの根本的な違いを理解することは、ISTJにとって自分自身を受け入れるだけでなく、他人を受け入れるうえでとても深い意味を持ちます。

強み

- 時間を守る
- 落ち着いている
- あらゆることについて理由を説明することができる
- 事前にできる限り準備・確認をする
- 自分の役割を理解している
- 自分の役割や責任を
果たそうと努力する
- 影で努力することができる
- 細かく深く考える
- 仕事熱心

弱み

- 慣れ親しんだ習慣や伝統に依存しすぎる傾向がある
- 変化を嫌う
- 変化を嫌うあまり、チャンスを遠ざけてしまう
可能性がある
- ときどき人付き合いを面倒に感じることがある
- 自分と違うタイプの人を受け入れられない

- 決断が遅い
- 断れない
- 保守的でチャレンジしたがらない

こんな仕事・職場がおすすめ

- 結果が重視される仕事
- 決められた時間、ルールに従う仕事
- 専門技術が必要な仕事
- 静かな職場

ISTJ はルールやシステムが整っていて仕事に集中できる、静かな環境で働くことを好みます。一方で、作業の中断や緊急要請、目的や目標が急に変更されることには強いストレスを感じるので、臨機応変な対応を求められる仕事は避けるようにしましょう。

また、新しい街へ行く、新しい仕事を始める、新しい人と接する、よく分からないテーマに関するワークショップに参加するなど、これまでやったことのないことをさせられるのは苦手なので、チャレンジ精神を大切にする仕事や職場に対しては、次第に不満が募っていきそうです。

自分の役割を果たそうと努力しすぎてしまう性格な

ので、きちんと働く時間が定められている仕事を選ぶようにするといいでしょう。

40代・女性 ／ 職業 会社役員（最高執行責任者）

会社の土台を整える仕事にやりがいを感じています。従うべきルールは何か、それを守ることで会社がどうなるか、に興味があります。細かい数字を確認したり、地味な作業が完了したときに満足感を覚えます。

40代・女性 ／ 職業 ケアマネージャー（介護支援専門員）

お客様へのプラン提案や資料作成などあらゆる業務がありますが、優先順位を決めて効率よくこなすことが好きな自分に合っていると思います。また、感情に左右されずに必要なことは何かを考えることができるので、この仕事にやりがいを感じています。

各タイプとどう関わる？

ESTJの人とは？

相手に自分の気持ちを推測させるのではなく、自分の考えや想いをきちんと言葉で伝えることを意識しましょう。また、相手が好きなことをしたいときは自由にさせ、邪魔しないことが大切です。自分から話し合いや活動を始める、一緒にイベントを主催する、参加するなど、２人の時間を増やす努力をしましょう。

ISTJの人とは？

刺激的なことはあまり必要としない２人です。２人とも主張が強くなるときがあるので、相手を責める前に、自分の気持ちを振り返る時間を持つようにしましょう。他の友人との関係性やお互いの趣味の時間は邪魔しないように。頑固になりがちな自分の性格を受け入れ、相手の気持ちを理解するように努力しましょう。

ESFJの人とは？

あなたは相手の温かさと社交性に惹かれていきます。２人の最大の課題はコミュニケーションです。断る前に相手の話を十分に聴くことを忘れないようにしましょう。定期的に言葉や手紙で褒め言葉を送ると良い関係を築くことができます。相手が自分の気持ちや考えを分かっていると思わず、共有するようにしましょう。

ISFJの人とは？

安定した関係を築ける２人です。相手の誕生日にプレゼントを贈ったり、心のこもった手紙を書くと喜んでもらえるでしょう。批判はせず、相手の気持ちを汲むことを意識してください。相手の感情を軽く扱わないように注意しましょう。相手が２人の関係性のために努力してくれていることを忘れないで。

ESTPの人とは？

記憶力が良い２人です。あなたは相手のチャーミングで楽しい遊び心が好き。相手は自由を好みますが、あなたはこだわりが強いのでとらわれすぎないようにしましょう。２人でイベントに参加すると、相手は喜ぶでしょう。相手は自分から行動できる人なので、あなたも自分から行動するように心がけてください。

ISTPの人とは？

とても慎重で現実的な２人です。よく考えてから判断・行動するところも似ています。２人とも１人の時間を大切にしています。相手は支配されることを嫌うので、自分のルールや価値観を押し付けないようにしましょう。サプライズをすると喜んでもらえそうです。２人で出かけるなど、刺激を求めると良いでしょう。

ESFPの人とは？

現実的な２人ですが、ときどきぶつかります。ぶつかったときは、何を変えるべきか具体的に話し合うことが大切です。ちょっとしたプレゼントで相手を喜ばせましょう。１人の時間が必要なときは、優しい口調で相手に伝えましょう。相手が楽しさと笑いをもたらしてくれることに感謝するようにしましょう。

ISFPの人とは？

人を信頼することに時間がかかる２人です。あなたは相手の温かさと誠実さに惹かれていきます。感謝と愛情を言葉や行動で表現することを学びましょう。間違いやミスを指摘して相手を傷つけてしまわないように注意してください。人間関係について相手からアドバイスをもらうと良いでしょう。

ENTJの人とは？

人の感情に少々鈍感な２人です。相手のエネルギーと、物事を成し遂げようとする意欲を尊敬しているでしょう。相手は新しいアイデアや挑戦によって活力を得るタイプなので、理解してあげてください。非現実的な挑戦に思えても、批判しないこと。相手への感謝の気持ちを口に出して伝えると喜んでもらえます。

INTJの人とは？

内向的で慎重な２人です。お互いに安心し、理解し合えるパートナーだと感じています。相手はオリジナリティのある考え方を褒められると喜びます。お互いにストレスを感じているときは、相手に考える時間や空間を与えることを意識して。相手にしてほしいことは具体的に伝えましょう。

ENTPの人とは？

分かりやすく、ストレートなコミュニケーションを好む２人です。あなたは相手のユーモアと愛嬌のある性格に惹かれていくでしょう。相手が多くの人と交流することを受け入れると良さそうです。相手の革新的なアイデアに耳を傾け、簡単に否定しないこと。相手の知性と創造性を褒めると喜んでもらえます。

INTPの人とは？

お互いのプライバシーや１人の時間を尊重できる２人です。あなたは相手の独創性やユーモアのセンス、好奇心旺盛なところを好きになるでしょう。相手のペースを尊重し、ルールやスケジュールを押し付けすぎないようにしてください。相手の考え方やアイデアに耳を傾けることを大切にし、人前で批判しないこと。

ENFPの人とは？

正反対の性格ですが、反対であるがゆえに惹かれ合います。あなたは相手の楽観的なところや熱意に惹かれるでしょう。あなたは相手の新しいアイデアに否定的な反応を示したり、黙って引きこもってしまったりしがちですが、ポジティブな点にも注目し、全体像を見るようにしましょう。相手の非を指摘しすぎないように気を付けて。

INFPの人とは？

２人とも、１人の時間や空間の必要性を理解しています。相手のおかげで、あなたは思いやりを持つことができています。批判したり見下したりする行動は避け、感謝を心がけるようにしましょう。相手が情熱を持っている部分を尊重することも大切です。話すときは、穏やかな口調を意識して。

ENFJの人とは？

協力すると、お互いの能力を補い合いながら物事を進めていける２人です。あなたは相手の熱意に影響されるでしょう。相手をコントロールしないように気をつけましょう。相手の良いところを見つけ、褒めるようにするとさらに良い関係を築くことができます。笑顔で接することを心がけ、一緒に出かけるようにしましょう。

INFJの人とは？

２人とも注意深く、静かで１人の時間を好む性格です。あなたは相手の思いやりと周りの人への気遣いに惹かれますが、２人はもともとの性格が大きく異なるため、コミュニケーションには努力が必要です。相手の目標や夢をサポートするように心がけましょう。自分の考えや気持ちを相手と共有するなど、話す時間を取ることも大切です。

ISTJの家族、友だち、知り合いはいますか？

領事タイプ

ESFJ

完璧な生徒会長！
世話好きで人に尽くすタイプ

ESFJの
偉人は……

聖徳太子　アンドリュー・カーネギー
美空ひばり

性格

☞ 世話焼きで相手に尽くす

☞ 伝統を重んじ、社会的な立場や役割を重視する

☞ 人と仲良くなりたい。どんな集まりでも、
みんなが居心地よく過ごすことを重視する

「領事」というのは、世界各国にいる同国人の安全を守る仕事です。そのため、このタイプの人は常に思いやりを持ち、他人を気遣った言動を心がけることができます。コミュニケーション能力に優れ、協調性を大切にしていることも特徴です。また、人の役に立ちたいという使命感を持っているため、周りの人から必要とされたり、感謝されたときに満足感を得ます。

空気が読めない人、人に迷惑をかける人が苦手です。メンタルがもろく、愛されていない感覚や人からの無関心を苦手とする傾向があります。

親や学校の先生にとってESFJは手のかからない、とても理想的な子ども（生徒）です。ルールを守り、時間を守り、親や先生を満足させるためにベストを尽くすことができるからです。それだけでなく、ESFJは周りの人にもルールを守るように伝えます。先生など立場のある人を常に支持する傾向があるため、ルールを破る人に対しては敵対心を持つことも。きちんと整えられている状況に安心し、スケジュール通りに行動することを大切にしているため、授業計画に沿って進める先生を好みます。

また、ESFJはいつも良い人間関係を築きたいと願っています。争いごとをとても嫌い、調和を保つためにできる限り人に合わせることを得意としますが、必要に応じて自分の意見を自信を持って述べることもできます。

ストレスがかかると

普段は非常に社交的でエネルギーに溢(あふ)れ、人との付き合いを楽しんでいるESFJですが、ストレスがかかると大半のことに前向きになれなくなり、人から距離を取ったり、人に対してとても批判的になったりします。

相手が分かってくれないときは泣いたり、怒鳴ったり、ドアをバタンと閉めたりなど、感情を爆発させて伝えようとします。強い言葉で否定的なコメントをしたり、周りがびっくりするような行動をとることも。

また、専門家にアドバイスや知識を求めたり、問題解決に役立つ本や資料を読むようになります。

ESFJはケンカやいざこざが起きると、自分の味方をしてくれる人を集めてグループを作り、「自分は悪くない」と肯定してくれる環境を作ろうとする傾向があります。

人生の先輩からアドバイス

自分らしく生きよう

みんな完璧ではないよ

人の気持ちばかりではなく、
自分の気持ちも大切に

生活のなかで気を付けるといいこと

人が求めていることを理解するのがうまいタイプです。寛大で忠実。大切な人や仲間のために時間とエネルギーをたくさん使う人です。一方、自分の求めていることを理解し、満たすことが苦手です。ケンカを避け、常にポジティブな状況にとどまろうとするため、自分の怒りや違和感、悲しみを相手に伝えようとしません。

ESFJに必要なのは、自分の怒りや願望をストレートに表現すること。この行動はESFJの人生をより充実したものにするために役立ちます。

また、あなたの社交性、遊び心、人間関係を大切にしてくれる人たちを見つけることも重要です。ESFJは社交的である反面、感受性が強く周りの人の影響を受けやすいタイプです。心地よい環境を探し、生き生きと過ごせるように自分で工夫しましょう。

人間関係で気を付けるといいこと

ESFJは平和主義で、ケンカを特に避けるタイプです。しかし、正直に向き合うことは、人間関係において大切なことです。気になることや困ったことがあるときは、きちんと相手に伝えるようにしましょう。

また、ESFJは細かいことにこだわるタイプなので、悪口を言われた経験や失望した瞬間のことをよく覚えています。その能力を生かして、人間関係で困難が生じたときにどう対処するのかを自分で経験して学ぶことが大切です。正直な意見が言えないまま、対立を避け続けていると、表面的な人間関係しか築くことができず、どんな会話も時間つぶしのためのおしゃべりになってしまいます。

強み

- 人と接することが好き
- 「この場所ではどのように発言するべきか」を正確に把握している
- 家族や友人、自分の周りの人を大切にする
- 独自のこだわりを持っている
- 周囲が自分に求めていることを理解している
- 一緒に働く人が潜在能力を発揮できるようサポートすることがうまい
- 人と関わりお世話する分野のプロ
- 計画通りにいくと安心するが、うまくいかなくても臨機応変に対応することができる
- 人が求めていることを理解することがうまい
- 身の回りがきちんと整っている
- 愛嬌がある
- 明るく元気
- 地に足がついている
- 伝統的行事や文化が好き

弱み

- 人を喜ばせたいという欲求が強すぎて、
  無理をしてしまう
- 自信を失いがち
- メンタルが弱い
- 追い込まれると自分の味方を集めようとする
- アドバイスをあまり聞かない
- 新しい情報を受け入れないため、
  チャンスを逃す可能性がある
- 予定を立てずに自由に過ごすことが苦手
- 頑固

こんな仕事・職場がおすすめ

- 人のお世話をする仕事
- 誰かを幸せにする仕事
- 人が対象の仕事
- スケジュール通りに進行する仕事

ESFJ は人をサポートすることに多くの喜びと楽しみを見出します。とてもまじめで協調性があるので、チームプレーが得意です。周りの人の誕生日や趣味、家族や学校の様子をよく覚えているのも特徴の１つで、あるESFJの男性は同僚の誕生日パーティーを毎年計画していると話していました。ESFJは褒め上手でもあると同時に、周りの人にも同じように自分を褒めてほしいと期待しています。仕事がうまくいったときには褒め合い、お互いの誕生日を祝い合うような、和気あいあいとしたコミュニケーションの取れる職場が合うでしょう。また、好きな上司や相性の良い上司のもとでは、楽しく活動的に働くことができそうです。

目標が明確で、ルーティンやスケジュールが決まっている職場環境だと快適に働くことができます。

40代・男性／職業 会社の人事

誰かの人生をより良いものに変える手助けをする仕事なので、とても満足しています。人事にはわたしと同じような感情を大切にするタイプが多くいます。採用される側の気持ちも、採用する側の気持ちも汲み取って考える仕事は、自分に向いていると感じます。

20代・女性／職業 カスタマーサービス

相手が何を思ってどうしてほしいのかを理解することが得意なので、お客様とスムーズに会話することができます。最近はそんな自分に自信が持てるようになりました。自分で決める立場よりも、決められたことができているかを確認する立場の方が自分には向いています。

各タイプとどう関わる？
ESFJ Ver

ESTJの人とは？

相手の安定感、責任感や自己主張の強さに惹かれるでしょう。問題は、２人とも主導権を握りたがることです。コミュニケーションを取るときは、理性と冷静さを保つことに気を付け、自分の考えを論理的に話すようにしましょう。相手を褒めることも忘れずに。相手の良いところを他の人に伝えることもおすすめです。

ISTJの人とは？

相手が話し終えるのを待ってから話すようにしましょう。あなたは多くの人と関わりたいと思っていますが、相手には静かな時間が必要です。話し合いをするときは、冷静で客観的な立場を保ち、感情を交えずに自分の主張を明確にするようにしてください。衝突を恐れて、重要な話し合いを先延ばしにしないこと。

ESFJの人とは？

感情的な繋(つな)がりを望む２人です。親友、ソウルメイトになれるでしょう。思っていることや考えていることをため込まず、お互いの気持ちを共有すると、さらに深い繋がりを築くことができます。相手を幸せにするためには何が必要かを考え、行動に移してください。相手の話を注意深く聴くように。

ISFJの人とは？

伝統を大切にする、勤勉な２人です。あなたは相手の忍耐強さと忠誠心を尊敬しているでしょう。相手は変化が苦手なので、気を配り、話に耳を傾けてあげましょう。相手のプライベートな情報を、許可なく他の人に教えてはいけません。相手が興味を持ちそうな人を紹介すると、感謝してもらえそうです。

ESTPの人とは？

遊ぶことが好きな2人です。相手の冷静で論理的な思考にとても憧れます。相手にとって自由であることは大切なことなので尊重してあげましょう。相手はあなたの毎日をより楽しくしてくれる人です。相手の長所を積極的に褒めると喜んでくれそうです。率直で正直であることで信頼が深まります。

ISTPの人とは？

細部にまでこだわる現実的な2人です。とても正直で気楽な相手の性格に惹かれていくでしょう。あなたは相手に深い関係を求めます。あなたが自立すれば関係は良くなるでしょう。一緒に静かな時間を楽しむようにしましょう。相手の話を急かさず、ペースを守ってあげることも大切です。

ESFPの人とは？

愛情深く熱心な2人です。あなたは相手の楽しいところが大好きで、素直に気持ちを受け入れてくれることに憧れるでしょう。相手へプレゼントや自由を楽しませてあげましょう。ときにはサプライズを計画すると喜んでくれるはずです。相手が喜ぶことを一緒に楽しみましょう。

ISFPの人とは？

感情的な親密さを求めている2人です。リラックスした心地よい関係を築くことができます。あなたは相手の優しさに感心することが多々あるでしょう。相手を束縛しすぎないようにし、「今」を楽しむようにしてください。サプライズなどを計画し、喜ばせる努力をしましょう。

ENTJの人とは？

計画性と実行力のある2人です。あなたは相手の自信、強さ、野心を尊敬するでしょう。相手は強いキャリア志向を持っているので、積極的にサポートしてあげてください。あなたが傷ついたり、嫌な気持ちになったりしたときは正直に伝えましょう。相手からのアドバイスは、すべてあなたのためを思ってのこと。素直に感謝して。

INTJの人とは？

バランスを取ることを学べば、うまくいく関係です。あなたはとても繊細なので、相手のストレートな話し方に苛立つかもしれません。しかし、そこが相手の長所だと捉え、あなた自身もストレートなコミュニケーションを取るように努力してみましょう。２人は趣味も世界観も大きく異なるので、それぞれのあり方を認め合うことを学びましょう。

ENTPの人とは？

積極的で多忙な２人です。相手は魅力的でユーモアのセンスも抜群です。さまざまなアイデアに辛抱強く付き合い、相手が自分の興味を追求するよう励ましましょう。あなたは16タイプのなかで最も感情を大切にしている人なので、コミュニケーションスタイルの違いに苛立つことがあるかもしれません。違いを認めることも重要です。

INTPの人とは？

あなたは相手のミステリアスなところと知性に惹かれるでしょう。相手の話を遮ったり、しゃべりすぎたりしないこと。相手に時間とプライバシーを与え、物事をじっくり考える機会をもたらしましょう。相手の興味や仕事について学ぶようにすると、話が弾みそうです。コミュニケーションは冷静かつストレートに。

ENFPの人とは？

エネルギッシュで活動的な２人です。あなたは楽観的な相手から学ぶことが多々あるでしょう。相手のアイデアに耳を傾けましょう。２人の時間を持ちすぎないことも重要です。別々に行動する、自由な時間もたっぷり作りましょう。ときには相手のアイデアを信じ、実践してみると、視野が広がるかもしれません。

INFPの人とは？

２人とも、深い人間関係を大切にしています。親友、ソウルメイトになれる２人です。相手には、ダラダラしたり、ただ楽しんだりする時間と空間を与えてあげましょう。考えたり話したりする時間をたっぷりとることも重要です。一緒に静かな時間を過ごすこともおすすめです。感情的な行動をすると相手が心を閉ざしてしまうので気を付けて。

ENFJの人とは？

とても行動的で、少ない時間で成果をあげることができる能力の高い人たちです。対立すると、少しややこしくなる関係性でもあります。２人は衝突を避ける傾向があるので自分の気持ちを明確にし、例を挙げて説明することをおすすめします。相手はプライベートや伝統を大切にしています。約束は守りましょう。

INFJの人とは？

この２人は常に調和を求め、周りの人を優先します。あなたは相手の独自性と強い信念に惹かれていきます。相手が自分のアイデアを大切にできるように応援しましょう。相手にとって自分の考えを共有することはとても重要なことです。話すことを急かしたり、非現実的だと否定的にならないように注意してください。

ESFJの家族、友だち、知り合いはいますか？

擁護者タイプ

ISFJ

「おもてなしの心」を持つ、
誰もが認める優しいタイプ

ISFJの偉人は……

フローレンス・ナイチンゲール
新島八重
マザー・テレサ

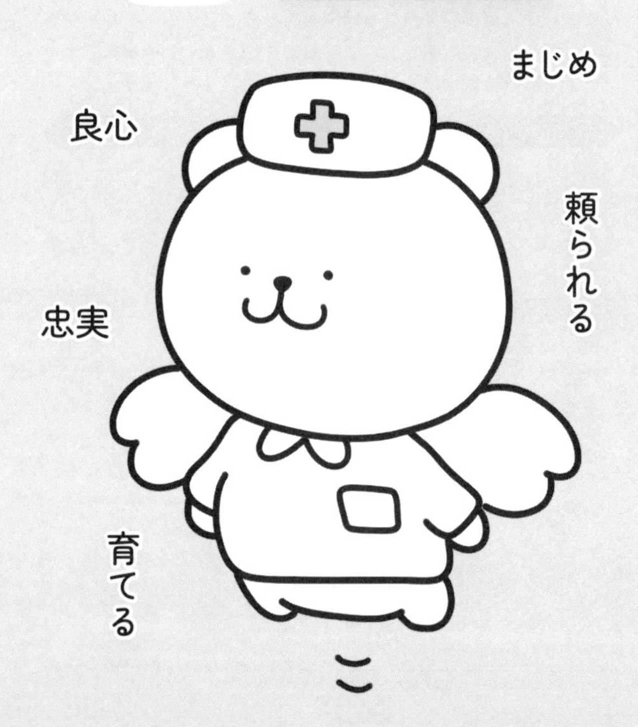

性格

☞ 穏やかで面倒見が良い

☞ 安心安全な生活や、慣れ親しんだものを好む

☞ 人に親切で思いやりがあり、共感力もある

「擁護者タイプ」とは、自分の気持ちよりも周りの人の気持ちを優先する人です。家族、友人はもちろん、見知らぬ人であっても助けようとします。相手に合わせる能力が高いので、親しみやすい印象を持たれることが多いでしょう。自分が慣れ親しんでいる行動パターン（起床時間、食べ物、体のケア、睡眠時間）を守りたい性格で、あまり冒険はしません。
「人の気持ち」や「感情」を大切にしているので、思いやりに欠けた発言をする人や平気で傷つける人、迷惑をかける人といると大きなストレスを感じます。しかし、ストレートに相手を注意することはせず、時間をかけて伝えようとします。
「人にまつわること」についての記憶力が他のタイプと比べて非常に高いと言われています。実は負けず嫌いなところも。

ISFJの子どもは大人たちに「しっかりしている」という印象を与えます。理解力も高いので、一度説明したら納得し、周りの子どもたちのお手本にもなります。

みんなを引っ張っていくようなタイプではありませんが、友だちと仲良く上手に関係を築くことができます。学校の休み時間は読書をするなど、教室にいることが多いタイプです。

ストレスがかかると

細かいことに対応できなくなり、自分のやるべきことを見失っていきます。衝動的になり、未来に対して投げやりな考えを抱くようになることも。否定的な考えで頭のなかがいっぱいになり、最悪の事態が起こると思うようになります。普段は温厚で控えめな性格ですが、精神状態が悪いときは気分の波が激しくなります。

ISFJ は自分の感覚を頼りに動きます。そのため、自分の感覚を否定するような人に出会うと強いストレスを感じます。焦ったり、混乱しているときに、信用していない人から「大丈夫、心配しないで」と言われると、イライラします。

人生の先輩からアドバイス

自分の本音を話す練習をして

新しいことに挑戦することであなたは輝きます

楽な方法、効率的な方法で
物事を進めるように意識して

生活のなかで気を付けるといいこと

ISFJは常に周りの人をサポートし、相手の求めていることに応えようと気を配っているため、自分が求めているものや興味を持つものを見つけられない可能性が高いです。

ある70代のISFJは、「自分はいつも受け身で、人が自分のところに来てくれるのを待っていたけれど、もっと楽しく刺激的な世界や人と関わることに時間とエネルギーをかければ良かった」と後悔していました。

人の気持ちを理解できることがあなたの強みですが、自分と向き合う時間も同じくらい作るように気をつけましょう。

人間関係で気を付けるといいこと

目立つことを避けて行動するので、周りの人があなたの頑張りに気付かない可能性があります。その場合1人で負担を抱え続けてしまうことになるので、周りの人に自分がどのくらい負担に思っているのか、どんな助けが必要なのかをしっかり伝える意識を持ちましょう。周りの人はきっとあなたを助けてくれます。

また、あなたは誰に対しても優しいので、お世話役を期待されることが多いでしょう。何でも受け入れてしまうと自分を苦しめかねないので、負担をかけてくるような相手とは距離を置くようにしてください。自分を守るために考え、勇気を持って決断することはとても重要なことです。

距離を置くことや断ることが苦手な人は、自分のケアを積極的にするようにしましょう。

強み

- 責任感が強い
- 細かいところによく気付く
- 人の気持ちを理解できる

- 人の良いところを見つけることがうまい
- グループを平和な雰囲気にすることができる
- 親切
- ルールをよく守る
- 先生や先輩、上司に好かれる
- 困っている人を助ける
- 共感力が高い
- 家族を大切にする
- 伝統を大切にする

弱み

- 目立たないように動くので、
  頑張りを認めてもらえない可能性が高い
- 自分の意見を伝えたり、通そうとすることが苦手
- 人を頼らない分、負担を抱え込む
- 感情を表に出さない
- 自分のことを過小評価する
- 心配症
- 遊びの時間をあまり重視しない
- 体調の変化に敏感すぎる

- 断ることが苦手

こんな仕事・職場がおすすめ

- 子どもや患者のケアをする仕事
- 細かいところまで見ることが重要な仕事
- 教える仕事
- サービスを提供する仕事
- 人と接する仕事

ゆったりとした環境で決まった作業を繰り返す仕事が合うでしょう。また、仲間と仲良く働きながら目立たずに自分の仕事や責任を全うしたいタイプなので、和やかな雰囲気の職場を選ぶことが重要です。

常に人のことを気にかけているので、自分のサポートによって誰かが成長するのを見ると深く感動します。教える仕事やサポートする仕事を選ぶと、ISFJの魅力を活かすことができるでしょう。

また、目立たない細かい作業がある仕事もおすすめします。

30代・女性 ／ 職業 温活美容コンシェルジュ、サロン経営

お客様の体のコリや痛みをほぐす仕事をしています。「相手の望みは何かな？」と考え、その望みをできる限り叶えたい気持ちが強いです。お客様の体の力が抜けたときに、わたしの手を受け入れてもらえている感覚が分かり、嬉しくなります。

30代・男性 ／ 職業 飲食店の教育担当

普段から人に優しく接すること、気遣いをすること、マナーを守ることをとても大切にしているので、接客業を選びました。自分が時間をかけて作ったマニュアルがみんなの役に立ったときに、自分の存在意義を感じました。

各タイプとどう関わる？

ESTJの人とは？

相手とははっきり、ストレートに接しましょう。動揺しているときでも冷静でいるように心がけ、気持ちを伝えたいときは、必ず理由も述べるようにしましょう。じっくり考える時間が必要なときは相手に伝え、一緒に話し合う時間を決めましょう。相手が主催したイベントなどに積極的に参加すると、喜んでくれそうです。

ISTJの人とは？

相手があなたのためにしてくれた行動や整理整頓が得意なところを褒めると、喜んでもらえそうです。冷静かつストレートな言い方を心がけてください。問題を避けてはいけませんが、深刻さを強調することはNGです。相手がリラックスして自分の気持ちを説明できるような環境を整えてあげましょう。

ESFJの人とは？

あなたは相手の親しみやすさと社交的な部分に惹かれますが、ときどき、優先されていないと感じることもあるかもしれません。相手を信頼し、自分の気持ちを伝えるようにしましょう。気持ちを言葉で伝えることも重要です。無理をしない程度に同じイベントなどに参加し、一緒に楽しむことをおすすめします。

ISFJの人とは？

２人はリラックスした関係を築くことができます。２人とも思いやりがあり、よく働きます。お互いのことを親友だと思い、気持ちを分かち合うことを楽しめるでしょう。新しいことに一緒に挑戦して、ワクワクを一緒に味わうとさらに深い関係を築くことができます。別々に、それぞれの友だち、仲間と過ごす時間も楽しんで。

ESTPの人とは？

喜びも悲しみも一緒に味わうことのできる2人です。あなたは人からの扱われ方や人間関係に明確な意思を持っているため、ときどき相手の気軽で、突拍子もない言動に苛立つかもしれません。しかし、相手にとって自由であることはとても大切であることを理解しましょう。はっきりとストレートに話すように心がけて。

ISTPの人とは？

あなたは相手の自由主義なところを魅力的に感じるでしょう。相手は少し雑なところがあり、気楽な人なので、コントロールしようとしないように注意してください。重要な話があるときは、相手に話を聴いてほしいとストレートに伝え、冷静かつ論理的に述べるように意識しましょう。

ESFPの人とは？

同じようなことに興味を持つので、共通の趣味を持つ可能性が高いです。あなたは相手の陽気さと愛想の良さに惹かれるでしょう。相手からの提案には積極的に乗るようにすると、喜んでもらえそうです。相手が自分の興味を追求できるようにサポートしてあげてください。サプライズもおすすめです。

ISFPの人とは？

物静かで穏やか。調和を好む2人です。自由奔放でのんびりした相手に感謝することもあるでしょう。自分のやるべきことばかりにとらわれず、相手と一緒に「今」を楽しむことを意識してみてください。自分の意見に従わないからといって、相手にプレッシャーや罪悪感を与えたりしないこと。

ENTJの人とは？

チームワークが必要な場面で強い力を発揮する2人です。相手の賢さや仕事の能力を褒めましょう。対立したときは、たとえ空気が悪くなったとしても、話し合いを続けることが重要です。あなたは自分の感情を話すことを嫌う傾向がありますが、嬉しいことも嫌だと感じたことも、正直に伝えるように心がけましょう。

INTJの人とは？

計画を立て、その計画通りに動くことが好きな２人です。相手の知性に救われることが多々あるでしょう。相手は常に可能性を探しています。新しいことに対してオープンマインドでいると良い関係を築くことができます。共通の趣味や関心事を楽しむ時間を作ると、より深い仲になっていくでしょう。

ENTPの人とは？

相手のエネルギーとワクワクしている様子に惹かれるでしょう。些細なことにこだわったり、口うるさく言ったりしないように気を付けてください。相手には、多くの人と交流を広げたり、興味を追求したりできる時間や空間が必要です。あなたも新しいことに挑戦するようにしましょう。感謝の気持ちは言葉で表現するように意識してください。

INTPの人とは？

あまり感情を表に出さない、慎重な２人です。相手の興味に耳を傾け、学ぼうとする姿勢でいると好感に繋(つな)がるでしょう。心配事があるなら、ストレートに伝えること。相手は、あなたほど周りの評価や期待を気にしていません。相手の良いところを進んで真似するようにすると、良い発見がありそうです。

ENFPの人とは？

人間関係、人付き合いを重視する２人です。人助けが好きなところも共通点です。相手をサポートすることも大切ですが、ときには自分のために行動するようにしましょう。相手のアイデアがたとえ不可能でもすぐに否定しないこと。相手がありのままの自分でいられるように、考慮してあげましょう。

INFPの人とは?

狭く深い関係を大切にする2人です。相手の優しさを感じる瞬間があるでしょう。新しいことにも自分から取り組んでみると、良い発見がありそうです。さらに仲良くなるには、相手の趣味や好きなことをリサーチする必要があります。将来の話や夢の話をすると、深い関係を築くことができます。

ENFJの人とは?

信頼を大切にする2人。あなたは、相手のアイデアとスピードに驚かされることが多いかもしれません。悩みや不満は大きくなる前に、相手に伝えるように意識してください。相手はきっとあなたを助けてくれるでしょう。受け身の姿勢は捨て、自分から話しかけたり、話し合いを進めたりしてみてください。

INFJの人とは?

穏やかで思いやりがあり、繊細な2人です。あなたは相手の面白さを気に入るでしょう。相手は深く考えることや本質を探ることが好きなので、急かさず、待つようにしましょう。日常生活では、常にポジティブなことに目を向けてみましょう。新鮮なアイデアや考え方をする相手を褒めると、さらに仲が深まりそうです。

ISFJの家族、友だち、知り合いはいますか?

起業家タイプ

ESTP

退屈な時間はもったいない！
ユーモアのセンスが抜群な人気者

ESTPの
偉人は……

アレクサンダー大王
ウィンストン・チャーチル
ジョン・F・ケネディー

性格

- どのグループにも馴染めるムードメーカータイプ
- 流行に敏感でセンスがある
- 時間やお金、行動に制限がない環境で大きな力を発揮する

活動的で、集団のなかでは中心メンバーにいるようなムードメーカーです。人気者で周りの人に何らかの影響を与えることが好きなので、まさに「起業家タイプ」と言えます。

人間関係を築くことが得意でどのグループにも溶け込むことができます。流行に敏感でユーモアセンスのある人ですが、一方で飽きっぽく、興味関心がコロコロと変わりやすい傾向も。エネルギッシュな性格で、「やりたい！」と決めたらすぐに行動します。時間やお金、行動に制限がない環境で大きな力を発揮するでしょう。

空気を読んで行動することを大切にしており、グループのみんなを巻き込んで楽しい雰囲気を作ることに常に尽力しますが、一方で、自由と刺激を好み、自己主張が強い一面もあります。実は責任を負うことが苦手です。

ESTP は子どもの頃からおしゃべりなので、親や先生から「ずっとしゃべっている」と言われるタイプです。ときどき恥ずかしがることもありますが、基本的には人と話すことが大好きで、誰にでも話しかけます。自分の話や冗談で相手が笑ったり、大きなリアクションをとってくれると嬉しくなります。

どんな人とでもすぐに仲良くなりますが、その反面、弱い自分を見せることに苦手意識があるので、深い関係性を築くのには時間がかかります。

ストレスがかかると

周囲の人も心配するほど疲れを表に出すようになります。いつも元気なのに、急に静かで繊細な人になります。思い込みも激しくなり、被害妄想をするようにもなります。例えば、友だちに悩みを相談しているときに相手が笑顔を見せると、自分の苦しみを理解してもらえないと感じ、悲しくなり、怒ります。

一方で、楽観的なので、「どうせ死ぬのだから好きなことをして生きていきたい」とも思っています。いずれにしても ESTP は好きなこと・ものを見つけるのがうまく、良い意味で興味関心の対象が次々と変わるので、ストレス状態は長く続きません。

人生の先輩からアドバイス

強がって平気なフリをせずに、自分の弱さをさらけ出そう

事実だけではなく、周りの人の感情や理想、希望に耳を傾けてみて

自分の体にとって一番良い生活リズムを見つけて

生活のなかで気を付けるといいこと

ESTP を一言で表すと、童話『ウサギとカメ』のウサギです。エネルギーもスピードもありますが、コツコツ努力を重ねることが苦手です。例えば夏休みの宿題に取りかかるときは、得意なものはすぐに終わらせ、苦手なものは最終日まで手をつけないといった様子です。

そんな ESTP には、継続できそうな簡単なルーティーンを決め、毎日続ける訓練をすることをおすすめします。

また、休みの日は積極的に刺激的な経験をするようにしましょう。ESTP は刺激的な経験をすることで幸せを感じるタイプです。強い直観力を持つ人や実行力のある人に憧れる一面もあるので、目標にしている人や憧れの人と関わる時間をとると、良い刺激になるでしょう。

 人間関係で気を付けるといいこと

人の話をしっかりと聴く力を鍛えてください。ESTPはおしゃべりで、人の話を最後まで聞かないことがあります。途中で話をさえぎられると、相手も話したくなくなってしまうので気をつけましょう。

自分の感覚で物事を決める傾向があるので、相手の考えを自分のなかに取り入れるようにすると、より良い人間関係を築くことができます。人間関係や約束、義務に縛られてしまうことは、「今」を生きるのが好きなESTPにとっては特に疲れることかもしれません。「まあいいや」と自分に言い聞かせて次に進みがちですが、良い人間関係は人生をより豊かで楽しく意味のあるものにしてくれます。「まあいいや」と流さずに、相手と正面から向き合ってみましょう。

また、武勇伝ばかり話していると相手を退屈させる可能性があるので気をつけてください。

強み

- エネルギーがある
- 行動力があるので、自分でチャンスを摑(つか)める
- どんなグループにも溶け込める
- ムードメーカー
- いつでも情報のアンテナを張っている
- 物事を具体的に説明するのが上手
- 空気を読んで行動することができる
- スポーツなど、競い合う世界で活躍する
- すばやく情報を分析できる
- 交渉力がある
- 危機的な状況でも
冷静に対応できる
- どんな状況でも
スムーズに対応できる

弱み

- 継続、持続が苦手
- 刺激的でないこと・ものはつまらないと感じる

- 自分の経験しか信じないので、
人のアドバイスや忠告を聞かない
- コツコツ頑張れない
- ルーティンを守ることが苦手
- 人の気持ちに鈍感
- 厳しいルール・型にはまった人にイライラする
- 過去から学ばない
- 興味のないものには一切関わろうとしない
- 感情がコントロールできなくなると、口が悪くなる

こんな仕事・職場がおすすめ

- 勤務内容、勤務地が固定されていない仕事
- サービスを提供する仕事
- チームや仲間と一緒に成長できる仕事
- さまざまな人と関われる仕事
- 毎日違うことが起こる仕事

ルーティンや厳しいルール、スケジュール通りの作業が苦手なので、働く時間が自由な職場や変化の多い環境が合うでしょう。刺激的で面白い人たちと仕事をすると力を発揮します。

スケジュールを守ること自体は苦手ですが、実行が

困難なスケジュールやキツい締め切りはESTPのやる気をさらにアップさせます。

ESTPは新しい情報を頭のなかだけで処理できるので、どんな状況においても落ち着いて対応することができます。トラブルやイレギュラーに対応することでスキルアップできる職場や、患者によって異なる処置を適切に行うことを求められる医療の現場なども向いています。上下関係や地位によって判断されることがなく、個人的な競争もない環境を選ぶと良いでしょう。

アーティストやスポーツ選手など、注目される仕事はESTPをさらに輝かせます。

30代・女性 ／ 職業 キャビンアテンダント（CA）

飽き性で変化のない環境が嫌なので、「働く時間や場所、メンバー、関わる人」に変化がある仕事を選びました。仕事でいろいろな国に行き新しい文化や食べ物に触れることや、さまざまなお客さんと話せる毎日がとても楽しいです。

40代・男性 ／ 職業 会社の取締役

トラブルや課題に対して根本的な原因を考えたり、解決方法を探したりするのは得意ですが、責任を持って行動することは苦手なので、責任者をサポートすることが多いです。

各タイプとどう関わる？ ESTP Ver

ESTJの人とは？

社交的でおしゃべりな２人です。相手は物事をスムーズに進め、あなたの周りが整理された状態になるように努力してくれます。相手への感謝の気持ちを忘れずに過ごしましょう。相手のルーティンやスケジュールを尊重しましょう。相手はサプライズを好まないので、事前に伝えることを心がけると良いでしょう。

ISTJの人とは？

相手がスケジュールやルーティンを大切にしていることを忘れないように。邪魔しないことも重要です。あなたは変化したい、させたいタイプですが、相手は変化が苦手です。急かさず、話を聴く姿勢を心がけてください。あなたは衝動的で人の気持ちに鈍感なところがあるので、注意しましょう。

ESFJの人とは？

相手は心の繋（つな）がりや人間関係に強い関心を持っています。たとえ相手の話が十分に理解できなくても、耳を傾けることを意識しましょう。相手の温かさや勤勉なところに救われることが多々ありそうです。あなたも相手にお返しができるように、優しく話しかけると良いでしょう。時間は守るようにしてください。

ISFJの人とは？

２人ともコミュニケーション能力に長（た）けています。あなたは相手の誠実さを信頼します。あなたにとって自由はとても大切なものなので、相手にコントロールされていると感じ、イライラするかもしれません。相手はスケジュールやルーティンを大切にしています。２人が良い関係性を保つためには、相手の１人時間を尊重することです。

ESTPの人とは？

「今」を大切にしている２人です。あなたも相手も、表現力が豊かで外向的ですが、自分の感情や弱さについて話すことが苦手。新しいことには積極的に挑戦しますが、感情を出すようなことは避ける可能性が高いでしょう。相手と２人だけの静かな時間を過ごし、感情や弱さを出す練習をしてみてください。

ISTPの人とは？

とてもストレートで、現実的な視点を持つ２人です。あなたは相手の冷静沈着な態度に惹かれるでしょう。何度も質問したり急かしたりせず、相手が発言するまで待ちましょう。口を挟まないように注意して。相手のプライベートな情報は、決して他の人に教えないこと。２人で静かな時間を楽しみましょう。

ESFPの人とは？

楽しい関係を築ける２人です。相手の愛情深く、思いやりのあるところに感謝しましょう。あなたは怒りの感情が強く出るので、優しく接することを心がけてください。相手は悲しい感情をよく覚えています。相手の気持ちを傷つけてしまった場合は、自分の言動に責任を持ち、素直に認め、謝りましょう。

ISFPの人とは？

楽しいことが大好きで、のびのびとしている２人です。あなたには、ときに物事に対して感情の面で突っ走る傾向があるので、ペースを落とし、相手に合わせることを学びましょう。自分の気持ちや考えを相手と共有することも忘れずに。２人でいるとあなたが話しすぎてしまう傾向があるので、気を付けてください。

ENTJの人とは？

一緒にグループ活動をしたり、話し合うこと、議論することを楽しめる２人です。２人とも競争心が強く、少し批判的なので、お互いに褒め合うよう意識しましょう。相手はあなたに、時間を守り、やるべきことをやり遂げてほしいと思っています。相手のために何ができるか考え、行動に移すことを心がけましょう。

INTJの人とは？

相手はあなたの手助けをしてくれる人です。相手から集中力の高さを学びましょう。相手が何を考えているのか分からず苦労するかもしれませんが、諦めず、相手の気持ちや考え方を知る努力をすると、さらに深い関係を築くことができます。自分だけでなく、相手のことを考える力を身に付けましょう。

ENTPの人とは？

外向的で話上手な２人です。２人とも議論を始めるのは得意ですが、聞くのは苦手という共通点も。ケンカをすると、ついついお互い大声になってしまいそうです。相手の意見に耳を傾けることを学びましょう。お互い冷静に自分の気持ちを伝え合うことができれば、問題解決までスムーズに進められそうです。

INTPの人とは？

お互い、頭脳明晰で論理的な考え方を持っています。あなたは相手との議論を楽しんでいるかもしれませんが、あまりに頻繁であったり、終わりがなかったりすると、お互いを傷つけてしまい、関係に深い溝を作ってしまうかもしれないので、注意しましょう。相手との静かな時間をゆっくり楽しんで。

ENFPの人とは？

一緒にいると刺激をもらえる関係性です。相手は傷つくと引きこもってしまう可能性があるので、優しい口調で伝えるようにしましょう。あなたは、活動的な相手を求めていますが、相手は感情を共有できる親友、ソウルメイトを求めています。相手の思っていることや感情を引き出せるように努力してみましょう。

INFPの人とは？

相手が深い繋(つな)がりを求める一方で、あなたは「今」を大切に生きることに集中しています。繋がりを求められすぎると束縛されたと思うので、あらかじめ相手にはほど良い距離感を保ちたいと伝えるようにしましょう。2人でいるときは、できるだけ静かな時間にすることをおすすめします。

ENFJの人とは？

エネルギッシュで熱心な2人です。相手の人の本質を理解する力に救われるでしょう。衝動的な行動はとらず、約束通りに進めるよう意識してください。一緒にいると楽しさを感じることが多い2人です。さらに信頼し合える関係性を目指すのであれば、話し合いを避けないように心がけましょう。

INFJの人とは？

あなたは「今」を大切にしているので、自分のやりたいことや楽しいことにフォーカスしすぎることがあります。相手を巻き込まないように注意してください。相手のアドバイスに耳を傾け、自分の感情を相手と共有することを学びましょう。1人の時間が欲しいという相手の気持ちを尊重するようにしてください。

ESTPの家族、友だち、知り合いはいますか？

巨匠タイプ

ISTP

問題を解決するまで集中する、
クールな一匹狼！

ISTPの偉人は……

源義経　宮本武蔵
本田宗一郎　ブルース・リー

性格

☞ 現実的で冷静

☞ 壊れているものを修理することが好き

☞ 好奇心旺盛で個性的なことを好むが、隠している

「巨匠」とは、ある分野で特に優れている人のことを指します。ISTPは単独行動を苦としない、一匹狼タイプです。個人で創作することを好み、技術も秀でているので、まさに「巨匠タイプ」と言えます。

自分の過去の経験からどうすればうまくできるか、どうすれば効果が出るのかを分析します。人を分析することも得意で、相手の実力と結果を重視します。現実的な性格ですが、冒険することも好むため、何でも一度は試したくなるところがあります。

自分の手で物を作ったり、すでに完成しているもの（例えばパソコンなど）を分解して、より良いものに作り直したりすることを楽しみます。

大切だと思う人には喜んで手を貸したり、自分の経験を共有したりするほどフレンドリーですが、引っ込み思案で人見知りなので、親しくない人には「冷静な人」「クールな人」という印象を持たれることが多いでしょう。普段は落ち着いていますが、突然行動力を発揮したりと、大胆な一面もあります。親しい人の前では「面白い人」という印象を持たれることも多いでしょう。
「言葉」に対するこだわりが強く、自分の意見をまとめることには時間がかかります。
　意見交換はしますが、自ら決定権を持つことは好みません。人とのトラブルは極力避けようとします。
　グッズやアイテムなど、「集める」という作業を好みます。コレクターに多いタイプです。

ストレスがかかると

　何かを強制されたり、管理されるとストレスを感じ、持ち前の集中力を失います。
　自分が関心のあることに対しては細かい内容を記憶することができますが、プロジェクトが終わった瞬間データを頭のなかから消去するので、思い出すことに時間がかかるようになります。
　また、過度なストレスがかかると、頭の回転が遅くなったりぼんやりしたりします。さらに悪化すると「自分のことを理解してくれない」と思い、黙り込みます。

人生の先輩からアドバイス

「自分のやり方だけが正解ではない」と自分に言い聞かせて

家族や友だち、パートナーとの関係性を大切に

考えすぎないようにしよう

生活のなかで気を付けるといいこと

人から離れて１人になる時間を定期的に作りましょう。余裕のある時間を過ごし、責任から逃れ自由を得ることで気持ちがリセットされ、元の状態に戻ることができます。１人で運動をするのもおすすめです。もともと問題を解決するまで考え抜く力を持っている人なので、悩みや不安があっても自分で乗り越えられます。体を動かして冷静になる努力をすると良いでしょう。

また、「過去から学ぶ意識」を持つことも重要です。ISTPは失敗を避ける傾向がありますが、失敗を重ねるほど自分のことや自分のこだわりを理解できるようになるので、失敗を恐れず、さまざまな経験を増やしましょう。

人間関係で気を付けるといいこと

ISTP タイプが成功するためには、自立して行動し、反省する時間をとることが重要ですが、一方で、信頼できる人間関係を築くこともとても重要です。ISTPは自分の深い感情を伝えることが苦手ですが、勇気を出してチャレンジしてみてください。周りの人はあなたをきっと救ってくれるはずです。

また、自分の考えていることや戦略を丁寧に伝える努力も怠らないようにしましょう。あなたの考えや意見に同意し、手伝ってくれる仲間が増える可能性があります。

強み

- 考える力が優れている
- 人や状況、環境を分析することができる
- 落ち着いている
- 手作業が得意
- トラブルを解決する人として活躍する
- 道具を使いこなそうとする

- 電子機器や模型などを分解して、
  もう一度組み立てることに興味がある
- 承認欲求があまりない
- 貢献することが好き
- 多様性を認めている

弱み

- 人と衝突しそうになると逃げる
- 他人の話には関心を持たない
- やる気が出るまで時間がかかる
- 好意を持つ人へのいたずらが度を越えるときがある
- 批判されると激しく当たる
- 自己肯定感が低め
- 急に怒り出すことがある
- 飽きっぽい

こんな仕事・職場がおすすめ

- 人や感情以外のトラブルに対応する仕事
- 道具を使う仕事

● 分析する仕事

マイペースに仕事をすることを好むため、規則やスケジュール、締め切りを優先する環境には苦手意識があります。問題の解決策を見つけることに十分な時間を与えてくれるような職場を選ぶと良いでしょう。

また、ISTPはトラブルを処理する能力に長(た)けているので、修理など、具体的で目に見えるものを相手に1人で作業する仕事が向いています。

常に監視されていたり、人に囲まれている環境はストレスになる可能性があるので気をつけましょう。席に仕切りがついている職場や、自宅でできる仕事などを検討してみてください。

20代・男性 ／ 職業 アニメのプロデューサー兼クリエイティブディレクター

人生において、すべてをコントロールすることで初めて安心が得られると考えています。自分の時間、働く人、お金をすべて管理することができる今の仕事が好きです。チームのなかでは常に「一歩先の仕事」をするように心がけています。

30代・女性 ／ 職業 病院の院長

病院に来る患者さんはそれぞれ悩みも痛みの原因も違うので、一人ひとりの患者さんの症状を分析し治療方法を考えることにやりがいを感じています。患者さんが目に見えて良くなり笑顔になっていく様子を見ると、達成感を覚えます。

各タイプとどう関わる？ ISTP Ver

ESTJの人とは？

２人とも頭を使うことが好きで、感情を扱うことが苦手です。相手の自信や行動力を褒めてあげましょう。約束を守り、自分がやると言ったことはきちんと実行することが大事です。整理整頓が好きな相手を尊重してください。自分の考えや意見を伝える努力をしましょう。

ISTJの人とは？

２人とも静かに過ごすのが好きで、２人きりの時間を大切にしています。相手はあなたを信じているので、言ったことは必ず守り、時間も守りましょう。頼まれなくても相手を助けたり、自分の考えを伝えて気持ちを分かち合うことが大事です。誕生日や記念日は、忘れずにお祝いするようにすると喜んでもらえそうです。

ESFJの人とは？

相手と良い関係を築くには、お互いの努力が大切です。相手は深い関係を求めるタイプです。相手の優しさに感謝し、相手の感情を大事にする気持ちを理解するように心がけましょう。言葉だけでなく、行動でも気持ちを伝えるようにしてください。約束を守ることも忘れないように。

ISFJの人とは？

お互いに相手の温かさや思いやりを感じているでしょう。相手のルーティンやスケジュールを大事にし、誕生日や記念日、祝日は楽しくお祝いしましょう。約束を守ることも忘れないようにしてください。相手に大切に思っていることを言葉で伝えるとさらに深い関係を築くことができます。

ESTPの人とは?

現実的で正直な2人ですが、エネルギーの方向性は大きく違います。話し好きな相手に付き合っていると疲れることもあるかもしれません。お互い、気持ちや弱みの話は苦手です。ときには自分たちの気持ちについて話し合うようにしましょう。相手の好きなことや趣味を一緒に楽しむと、良い発見がありそうです。

ISTPの人とは?

リラックスした関係を築くことができる2人です。あまり計画を立てずに「今」を楽しめます。趣味や好きなことが似ている可能性も高いです。さらに深い関係を築くためには、楽しいことばかりではなく、将来のことなど、真剣な話もするようにしましょう。リスクを避けるためには計画的に行動することも重要です。

ESFPの人とは?

自分を大切に扱ってくれる相手の優しさに感謝しましょう。相手が困っているときは、優しく話を聴いてあげてください。1日の出来事について聞いたり、自分の話をしたりして、コミュニケーションを取ることをおすすめします。相手の気持ちを否定しないように注意しましょう。お互いを大事に思う心を忘れずに。

ISFPの人とは?

自由でのんびりした2人です。相手の温かさと心の広さに惹かれることが多いでしょう。相手の気持ちを無視せず、耳を傾けてください。自分の気持ちもしっかり伝えるようにすると、さらに良い関係を築くことができます。笑顔で優しく接し、相手がどれだけ自分を幸せにしてくれているのか忘れないようにしましょう。

ENTJの人とは?

あなたは正しいことや現実的なことを知りたがり、相手は大きな夢について語るので、話し合いがうまくいかないときがありそうです。相手の考えを「おかしい」と決め付け否定しないように気をつけてください。２人とも弱さを見せることを嫌う傾向があるので、あなたから積極的にさらけ出し、相手が話しやすい環境を作りましょう。

INTJの人とは？

お互いに自由を大切にしています。ですが、あなたは毎日をのんびり過ごしたいと思う一方で、相手は決まりやスケジュールを守りたい人です。違いを知り、お互いを理解するために絶えず伝える努力をしていきましょう。感情を表現することが苦手な２人なので、お互いの気持ちを共有することも忘れないようにしてください。

ENTPの人とは？

２人とも正直さや論理的な考えを大切にしています。新しいことが苦手なら、相手の挑戦や冒険に参加して世界を広げてみましょう。相手のおしゃべりに疲れたときは、自分の時間が欲しいとはっきり伝えることも大事です。自分の気持ちを相手と共有する努力をすることで、より満たされた関係を築くことができます。

INTPの人とは？

穏やかで自立した２人ですが、感情を深く伝えることが苦手という共通点もあります。一緒に新しいことに挑戦して、楽しい思い出を作ることを大切にしましょう。困ったことや悩みごとは積極的に相談し、一緒に解決することで、さらに強い絆を築くことができます。相手が何にハマっているのか聞くと話が盛り上がりそうです。

ENFPの人とは？

相手は話し上手で、自分の気持ちを表現することが得意です。相手の話を聞くことも重要ですが、あなたも自分の気持ちをきちんと伝えるようにしてください。相手のやりたいことを応援してあげましょう。また、相手があなたを支え、守ろうとしてくれていることに感謝し、言葉で伝えるようにしましょう。

INFPの人とは？

物静かで落ち着いた２人です。あなたは相手の優しさに惹かれていますが、ときどき、相手が求める感情の繋（つな）がりを理解することが難しいと感じることもあるでしょう。話し合いがうまくいかないこともあるかもしれませんが、相手の気持ちをしっかり聴くことを意識し、思いやりを持って向き合うようにしましょう。

ENFJの人とは？

性格が大きく違いますが、違うからこそ、お互いに魅力を感じることができます。相手は冷静で落ち着いた人が好きです。相手が話しているときは冷静に耳を傾け、相手の能力や考え方を褒めましょう。困ったときは相手にアドバイスを求めると、良いヒントが見つかるかもしれません。

INFJの人とは？

２人とも挑戦する勇気を持っていますが、気持ちをうまく伝えることが苦手です。相手が望む答えを出せなかったり、何も言えなくなってしまうこともあるでしょう。しかし、相手と深い関係を築く努力をすることで、自分の弱さに向き合い、それを受け入れるチャンスを得ることができます。

ISTPの家族、友だち、知り合いはいますか？

エンターテイナータイプ

ESFP

人生は一度きり！
「今」を楽しく生きることに情熱を注ぐタイプ

ESFPの偉人は……

清少納言　マリー・アントワネット
マリリン・モンロー

性格

☞「今」を何よりも大切にしている

☞ どんな環境でも友だちを作れる

☞ エンターテインメントの分野で活躍できる人

チャーミングで明るくカリスマ性があり、特に初対面の人には好かれやすいタイプです。目の前の人を誰でも温かく受け入れるので、人に好かれます。一方、ESFPにとって「好きな人」は特別です。恋人をすべてとして生きていく傾向があります。

常に「今を楽しく生きたい」と願っています。今欲しい、今行きたい、今食べたいと、自分のタイミングで動ける状態＝自由という認識を持っています。

好奇心たっぷりで何事にも積極的に挑戦します。しかも、能力が高いので、いろいろなことを難なくこなすのも、ESFPの特徴です。

会話が得意で、笑いに包まれる場を作ったり、周りを飽きさせることなく話すことができます。「真のエンターテイナータイプ」と言えるでしょう。

「いつもと同じ」「誰かと同じ」ことが嫌いなので、新しい刺激を求めたり、新しい友だち・経験を増やしたいと思っています。

ショッピングやお祭り、イベントなどが大好きで、車などの乗り物の運転やスポーツ、ダンスが好きな人に多いタイプです。

人間関係の問題やドロドロした気持ちなどを感じると、現実から逃げようとして「ポジティブな感情」に集中します。気の合う友だちといつも遊んでいますが、根が情熱的なので、仲が良ければ良いほどケンカをよくします。

ストレスがかかると

イライラしやすくなり、責任を抱えすぎてしまいます。周りの人からは「難しい人、細かい人、ルールに厳しい人」と思われてしまうでしょう。

また、普段は人の行動を受け入れるのに、ストレス状態のときには人の行動や態度に対して「なんでやってくれないの？」「なんで思い通りに動いてくれないの？」と批判的になります。

いつも明るく、チャーミングなESFPが急に暗くなったら、ストレスを抱えている証拠です。普段は自分の感情に敏感ですが、ストレス状態になると自分の気持ちに気付きにくくなるので、長引いてしまいます。

人生の先輩からアドバイス

相手の立場を考えてみて

「今」がすべてではないことを理解しよう

課題や仕事など、自分の義務を果たすことで得られる自由があることを知ろう

生活のなかで気を付けるといいこと

目に見えるものだけではなく、目に見えないものの意味や理由を考えてみましょう。

ESFP は、「今」の感情が一番重要と捉えてしまうあまり、過去を振り返ったり、将来の影響を考えたりすることに時間やエネルギーをかけることがほとんどありません。子どもの頃はこのような行動も許されるかもしれませんが、大人になってからもこのような行動が続くと、相手にされなくなったり、人をひどく傷つけ、人間関係や信頼を崩してしまう事態になりかねません。

未来の自分にとって何が大切かを視野に入れ、自分の言動が他者に与える影響を考えてから行動することで、少しずつ成長できます。

人間関係で気を付けるといいこと

場を楽しく明るくさせるパワーがありますが、その瞬間の感情や自分の感情にとらわれ、自分の言動が他人にどのような影響を与えるかを考えないときがあります。

また、人を深く怒らせたり傷つけても、自分の都合の良いように考えて、トラブルから目をそらしてしまいがちです。

自分の感情のバランスを取ることを学び、周りの人の優しさに気付けるようになりましょう。そうすることで信頼し合える関係性を築くことができます。

強み

- 人の行動を受け入れる
- 自分と違うことをする人、考える人の意見をきちんと聴く
- 話がうまい
- 場を明るくできる
- どこに行っても注目される
- 人の変化に気付く

- 愛情深い
- 変化に対応することがうまい
- 明るくポジティブ
- 返信が早い
- 人を助ける

弱み

- 「今」に集中しすぎて後先のことを全く考えていない
- 考えをコロコロ変える
- 相手に自分と同じような情熱がないと嫌になる
- 集中することが苦手
- 客観的に考えることが苦手
- 求めている反応が相手からないと悲しくなる
- 飽きっぽい
- ストレスを感じると感情的になる

こんな仕事・職場がおすすめ

- 「美」と「表現の才能」を活かせる仕事
- 人前に出る仕事

- 話をする仕事
- 臨機応変に対応することが必要な仕事
- トラブルが起きやすい職場

ESFPには「魅せる」才能があります。美しく表現することができ、俳優のように何かになりきる表現力も持ち合わせています。情熱的で観客の注目を集めることも得意なので、パフォーマー、プレゼンター、アーティスト、ダンサーになると大成できそうです。

また、ESFPは刺激を好むため、ルーティン化されている仕事よりも、問題やトラブルが多い仕事の方が合っています。

どんな職場でもESFPの力で楽しい環境を作ることができるでしょう。

30代・女性／職業 小学校教師

子どもたちの、その日、その週、その月、その年の成長が手に取るように感じられると嬉しくなります。子どもたちの反応によって授業内容を変更するなど臨機応変に対応する力が試されます。学校はイベントが多いので、児童と一緒に楽しんでいます。

30代・女性／職業 ダンススクールの運営

自分がイメージしたものを形にすることが得意だと思います。数年前、インドの音楽とダンスに魅了され、子どもと通えるように自宅近くにダンススクールをオープンしました。ダンスの動画を撮影し、編集する仕事も始め、やりがいを感じています。

各タイプとどう関わる？ ESFP Ver

ESTJの人とは？

あなたは相手の強さと意欲、そして勤勉なところが好きです。相手は報告や連絡を重視しています。時間や期限に遅れてしまいそうな場合は早めに連絡するようにしましょう。感情的にならないように注意しながら自分の言いたいことを明確に伝えましょう。相手がスケジュールやルーティンを大切にしていることを忘れないようにしてください。

ISTJの人とは？

異なる性格の２人なので、対立することもありそうです。２人の関係性のキーワードは「信頼」。どれだけ相手を安心させる行動をとれるかが重要です。時間を守り、期限内にやるべきことを終わらせてください。相手が忙しいときやストレスを感じているときは、そっとしておいてあげましょう。相手には１人で自由になれる時間を与えてあげて下さい。

ESFJの人とは？

どちらも世話好きで、お互いの世話をし合っているような関係性です。相手はスケジュールが決まっていると安心するタイプです。２人ともポジティブなことしか話さなかったり、重要な問題を無視したりしがちなので、ネガティブな点についても相手としっかり話し合うように意識しましょう。

ISFJの人とは？

２人は共通の趣味がある、もしくは共通の友だちがいる可能性が高いです。しかし、生活スタイルは大きく異なります。あなたが毎朝気ままに、その日の行動を決めるタイプなのに対し、相手はルーティンやスケジュールがある方が安心します。相手はあなたが集中できるように生活を整え、スケジュール調整なども助けてくれるでしょう。

ESTPの人とは?

楽しいことや外出することが好きな２人です。相手のエキサイティングなところに刺激を受けるでしょう。伝え方がストレートで冷静なところを真似すると新しい発見がありそうです。相手の長所を見るようにし、人前で怒ったりしないこと。また、相手が自分の気持ちを共有してくれないからといって、相手を「ダメ」と決め付けないでください。

ISTPの人とは?

融通が利き、柔軟に対応できる２人です。あなたは相手の冷静さと独立心を尊敬するでしょう。２人の関係を築くうえで、相手が１人になりたい気持ちを尊重することが最も重要です。不安や心配事については、隠さず正直に伝えてください。「感情的な人」と思われがちなので気を付けて。

ESFPの人とは?

すべての性質が共通しています。２人でいるととても楽しく、深い繋(つな)がりを築けるでしょう。ですが、安定した関係を続けるためには計画性と話し合いが重要です。ポジティブな話題しか好まない２人ですが、勇気を出してネガティブなことについても話し合うようにしましょう。

ISFPの人とは?

社交的で自由が好きな２人です。お互いにリラックスした関係を築くことができるでしょう。相手の思慮深さに助けられることが多々ありそうです。助けてもらうだけでなく、あなた自身も話に耳を傾けましょう。１人時間が好きな相手のために、あえて別々の時間を過ごしたり、一緒に静かな場所で過ごすことをおすすめします。

ENTJの人とは？

活動的な２人です。人と一緒にいるのが好きで、休みの日の予定が詰まっているタイプです。相手はあなたが人生を楽しんでいるところに惹かれます。相手はアドバイスすることが得意なので、相談事がある場合は話をする時間をとってもらいましょう。大げさな発言は嫌がられるので、控えてください。

INTJの人とは？

世のなかの見方が全く違う２人です。相手は自分の好きなものや興味のあることに集中するタイプで、高圧的にものを言うこともあるため、あなたはときどき孤独を感じるかもしれません。悲しまず、冷静に捉えるようにしましょう。相手のスケジュールやルーティンを邪魔しないように気をつけてください。

ENTPの人とは？

楽しいことが好きな２人です。あなたは相手の頭の回転の速さと、ずば抜けた自信に惹かれます。時間をかけてもいいので、相手の良いところを学び、自分の言いたいことを冷静に伝える努力をしましょう。一方、あなたの感情に敏感なところや洞察力を真似することは、相手にとって良い学びになるはずです。

INTPの人とは？

相手は16タイプのなかで最も独立心の強いタイプなので、一緒に過ごすことであなたは独立心を身に付けることができるでしょう。相手は２人の関係性よりも、自分のやりたいことや興味関心のあることを優先する可能性があります。相手を尊重することも大切ですが、自分が嫌だと感じたときには、はっきり伝えることが重要です。

ENFPの人とは？

どこにいてもユーモアと楽しみを見つけられる２人です。内面の繋（つな）がりも強いでしょう。キーワードは、静かな場所で過ごすこと。

2人とも社交的でアクティブなため、話す時間を持てないことも多そうです。相手の斬新でオリジナリティ溢(あふ)れるアイデアを尊重するようにしましょう。

INFPの人とは?

相手のオリジナリティ溢れる才能に惹かれる一方で、コミュニケーションの取りづらさに苛立ちを覚える可能性があります。本音で話すことを避け続けていると、2人の関係性がどんどん悪くなっていきます。勇気を出して、相手に自分の素直な気持ちを伝えてみましょう。新たな発見がありそうです。

ENFJの人とは?

情熱的で楽しい2人ですが、問題が生じても話し合わない可能性が高いでしょう。その結果、誤解が多く生まれることも。相手の長所を積極的に見つけるようにしてください。相手に自分の素直な気持ちを伝えることを心がけた方が良い関係を築くことができます。

INFJの人とは?

新しく楽しいことが好きなあなたに対し、相手は慎重で細やかな気遣いを好むタイプです。相手は騒がしい環境を好まないので、2人で過ごす場合は、人が少なくリラックスできるような場所、空間を選ぶようにしてください。相手に静かな時間を提供すると喜んでもらえそうです。相手の目標をサポートする姿勢を見せましょう。

ESFPの家族、友だち、知り合いはいますか?

冒険家タイプ

ISFP

相手を理解し思いやる。
美的センスが抜群！

ISFPの偉人は……

モーツァルト　オードリー・ヘップバーン　エルヴィス・プレスリー　マイケル・ジャクソン

性格

☞ 好きな人には温かさ、穏やかさを与える

☞ 五感を刺激される行動が好き

☞ 自分を表現することが苦手なので、
仲良くなるまでに時間がかかる

タフな精神と集中力を兼ね備えている「冒険家タイプ」です。

強い価値観や個性を持っていますが、あまり表に出さないので、端から見ると謙虚で控えめな人に見えるでしょう。平和主義で穏やかな口調であることが特徴で、聞き役になることが多いです。人の価値観も尊重でき、自分の意見を押し付けることなく話します。

周囲の環境や人間関係に柔軟で辛抱強い一方、１人の時間や場所を必要とします。

観察力が鋭く、自分にとって敵になりそうな人などを見分ける力もあるため、自分や自分の親しい人を攻撃されると積極的に守ろうとします。

また、感受性が強く、独自の価値観や美学を持っています。五感を刺激するもの、例えば自然、動物、芸術、料理、音楽、ダンス、アクセサリー、小物、リアリティーショーなどを好みます。

物静かであまり自分を表現しようとはしないので、周囲の人と親しくなるまでに時間がかかる場合が多いですが、一度仲良くなった人とは深く信頼し合える関係を築くことができます。

空気を読めない人やケンカ腰な人とは距離を置こうとします。言い合いになりそうなときは泣いたり逃げようとしたりする傾向もあります。

ストレスがかかると

消極的になり、1つのことに集中しすぎる傾向があります。また、悪い行動や意味がないと見なしたことをすぐに正そうとすることがあります。

普段は温厚で平和主義なタイプであるのに、ストレス状態になると早口で厳しいことを言ったりします。環境や周囲の人にどのような影響を与えているかを考えずに自分の話を一方的に押し付け、無神経に人を攻撃することも。

突然断捨離を始めたり、家具の配置を変えたりもします。

人生の先輩からアドバイス

人生は感情だけではないことを学ぼう

達成感を得る喜びを知って

他の人の反応を気にしすぎないように注意しよう

生活のなかで気を付けるといいこと

ISFP が本来持っている「相手を理解し、その人を思いやる」という能力は社会のなかであまり重視されていません。実際、多くの ISFP は自分に自信がない傾向があります。しかし、社会に思いやりと優しさをもたらすのは ISFP です。自分が必要な存在であるということを、しっかり覚えておきましょう。

また、普段から冷静に考える習慣をつけるようにしましょう。たまには自分の気持ちを抜きにして考えてみることで、相手の気持ちを理解できるようになります。気持ちだけでなく事実を用いて意思決定をすると、周囲から信頼されます。感情の世界から一歩出て、データや事実に基づく“ロジカルシンキング”のスキルを高めましょう。

人間関係で気を付けるといいこと

ISFPは、自分の感情や感覚に対するセンサーはとても高いですが、自分の発言や行動が周りの人にどのような影響を与えるかについてはあまり意識していません。その証拠に、多くのISFPは深い思いやりを持っているにもかかわらず、周りの人には伝っておらず、第一印象では、冷たい、無愛想、怖いと思われてしまうことがあります。

ISFPは人と関わりたいという欲求を持っています。たとえそれが相手にとって否定的なものであっても、伝える練習をすることをおすすめします。行動しなければ何も変わりません。待つのではなく、自分から声をかける勇気を持ちましょう。

強み

- 自分の気持ちをすぐに把握できる
- 温かくて社交的
- 人の気持ちを読み取って行動できる
- 深い関係性を築ける
- 話を聴くことがうまい（傾聴力がある）

- 自分の好きな分野でクリエイティブのセンスを発揮する
- 社会を穏やかに、平和にすることができる
- 好奇心旺盛
- 柔軟性がある
- 楽しい時間を作り出せる
- 周りの人が必要としていることに気付く
- よく観察している

弱み

- 人と仲良くなるまでに時間がかかる
- 自分の気持ちをうまく伝えることができない
- 自信がない
- 「今」に集中しすぎて、将来の準備をしていない
- 恋愛に時間をかけすぎる
- 整理できない
- 優柔不断
- 手順やルールを無視する
- 長期的な計画を立てることができない

こんな仕事・職場がおすすめ

- お客様一人ひとりに自分の美的センスを届ける仕事
- ケアをする仕事
- 誰かのアイデアを形にする仕事
- お客様の要望を叶える仕事
- お客様の気持ちを読み取る仕事

自分の価値観を大切にできる職場を選びましょう。目標や数字だけに焦点を当てる職場よりも「人」に焦点を当て、人をサポートする仕事や感動させる仕事を選ぶと、あなたの魅力が存分に輝きます。

また、自分でスケジュールを選び、仕事の優先順位を判断できる環境や日々のスケジュールをコントロールできる環境も重視しましょう。

人の希望を親身になって聴いて応えることも得意なので、接客業も向いています。

人一倍感受性が高いので、あなたの美的センスを届けるような仕事もおすすめです。

20代・女性 ／ 職業 UX・UIデザイナー

アプリを作る仕事をしています。毎日やるべきことが違うところや、毎日違う問題を解決するところが楽しいです。人の話を聞くことが好きなので、相手の本音を聞けたときに喜びを感じます。どこをどう修正して、どんなデザインにするのかを自分で決められるところも良いと思っています。

30代・女性／職業 翻訳

自分のペースで好きな時間に仕事ができるところに良さを感じています。翻訳の仕事は原文の口調や全体の印象をお客様の希望に沿うものにすることにとても労力を使いますが、細部に気を遣うことは得意なので、自分に合っていると思います。

各タイプとどう関わる？

ESTJの人とは？

あなたは相手の頼もしさや真面目さに惹かれるでしょう。任されたことを最後までやり遂げる大切さや、時間やルールを守ることの重要性を相手から学ぶと、さらに成長することができます。対立した場合は、「何が嫌なのか」をきちんと説明するようにしてください。長所を探すように心がけて。

ISTJの人とは？

自分と違うからこそ、惹かれるでしょう。相手はあなたにとって頼れる存在です。あなたも相手から頼られるように、時間や約束は必ず守るようにしてください。自分の気持ちを伝えたいときは、具体的な例を挙げて説明すること。相手が批判的なときは、「自分を助けようとしてくれている」と考えましょう。

ESFJの人とは？

感情的な繋(つな)がりを求める２人です。相手のような決断力を身につける努力をすると、いずれあなたの大きな武器になります。あなたが相手にどれだけ感謝しているかを伝え、あなたの気持ちを知ってもらいましょう。相手は記念日や伝統的な行事を大切にしているので、忘れないように気を付けてください。

ISFJの人とは？

衝突を避ける２人です。お互いに周りの人を幸せにすることが重要だと考えているので、２人とも相手のために行動しようとします。相手が守ろうとしているルールに納得できない場合は、しっかり言葉で表現するようにしてください。２人にとって、お互いに気持ちを正直に伝えることは、関係を築いていくうえで特に重要です。

ESTPの人とは？

楽しいことが好きで、のびのびとした活動を好む２人です。あなたは相手の愛嬌や自信に何度も救われることがありそうです。ときにはサプライズなど突拍子もないことをして、相手を驚かせましょう。相手が進んですべてを話してくれると期待せず、自分の考えをストレートに伝えるようにしましょう。

ISTPの人とは？

気楽でリラックスした関係を築ける２人です。あまり計画を立てず、「今」を生きています。普段からお互いのことをよく理解できていると感じるでしょう。１人の時間や空間を尊重し、相手のスキルや分析力を褒めてあげましょう。相手の独特な愛情表現を観察してみてください。

ESFPの人とは？

外に出ることが好きで自由奔放な２人は気取らない関係を築くことができます。あなたは相手のエネルギーに憧れます。感謝の気持ちを言葉だけでなく行動で示すように。キーワードは「自ら行動」です。同じ人、同じ場所は相手にとって苦痛なので、自由に挑戦できる環境を整えてあげましょう。

ISFPの人とは？

あなたにとって相手は楽しい人であるとともに、親友にもなりうる人です。２人の関係を周りの人と比べたり、理想の関係性を考えたりせず、シンプルに相手のために何をするべきかを考えるようにしましょう。否定的な感情や問題が生じたら、早めに話す時間を設けてください。

ENTJの人とは？

あなたは相手のパワーやビジョン、明確な目標設定に憧れます。相手はあなたに自分の考えを話すよう要求してくるかもしれません。嫌がらず、伝える練習だと捉えてください。そうすることで人付き合いがうまくなったり、リーダーシップを発揮するチャンスを得ることができます。時間と約束を守ることも忘れずに。

INTJの人とは？

独創的な相手はとても魅力的な人ですが、あなたはときどき、相手のことが分からないと感じることもあるでしょう。相手の話に注意深く耳を傾け、必要であれば質問してみましょう。相手は本音で話すことを嫌がるかもしれませんが、本音で話すことはあなたにとって重要なことなので、急かさず、徐々に関係を築いていきましょう。

ENTPの人とは？

相手のカリスマ性と知的さに驚くことが多いでしょう。ですが、相手の非現実的な会話に応え続けるのは、具体的な説明と調和を求めるあなたにとっては少し苦痛に感じるかもしれません。「伝える努力」を怠らないようにしましょう。相手と会話のラリーができるようになると、人付き合いの面で、より成長することができます。

INTPの人とは？

あなたは相手の頭の回転の速さと独立心を魅力的に感じるでしょう。自己主張が苦手なあなたですが、相手はあまり人の気持ちを汲(く)み取ろうとしないタイプです。相手に分かってほしいと思わず、自分の不満を言葉や行動で表現するようにしてください。例を挙げて説明すると、相手から理解を得ることができそうです。

ENFPの人とは？

愛情に溢(あふ)れた２人ですが、物事への対応の仕方が違うため、お互いにイライラすることもありそうです。自分の気持ちを理解してほしいときは、すぐに諦めないこと。のんびり屋な２人なので、細かいことやスケジュールをこなす必要がある場面では苦労しそうです。楽しいイベントなどに一緒に参加すると、さらに仲を深めることができるでしょう。

INFPの人とは？

一見気楽そうな２人ですが、重要な問題について話し合うときは、どちらも頑固で融通が利きません。両者とも争いを好まないため、相手を避けたり、自分を責めたりすることもあるでしょう。相手の複雑でユニークな考え方に耳を傾け、理解する努力をしましょう。相手が不機嫌になることも想定しておくと良さそうです。

ENFJの人とは？

平和や調和を強く望んでいる２人です。あなたも相手も、人の意見を聴くのが得意です。ただ、聞いてばかりではなく、自分から積極的に発言する努力もしてみましょう。時間と約束は必ず守るようにしてください。予定を変更することもNGです。万が一変更する場合は、早めに相手に連絡するようにしましょう。

INFJの人とは？

２人はお互いの気持ちや求めていることに敏感です。相手は変化が苦手なので、時間をたっぷり取ることと事前に伝えることを意識するようにしてください。相手から本音を引き出してもらうのを待つのではなく、自分から本音を言うように努力すること。相手の新しく画期的なアイデアや誠実さを褒めると喜んでもらえそうです。

ISFPの家族、友だち、知り合いはいますか？

指揮官タイプ

ENTJ

カリスマ的存在！
生まれながらのリーダータイプ

ENTJの偉人は……

織田信長
ナポレオン
伊藤博文

性格

☞ 自分にも人にも厳しい

☞ 効率や能力を重視する

☞ 人やグループをまとめる力がある

人を引っ張っていきたいのが「指揮官タイプ」です。カリスマ的でエネルギッシュな人たちで、どんなグループでも活気づけることができます。そのエネルギーとダイナミックさは16のタイプのなかで右に出るものはいません。

ENTJは面白そうなことが好きなので、複雑な課題にも喜んで挑戦します。意見を言うことも得意で、会議や発表の場で存在感を発揮します。ENTJの子どもはよく手を挙げて発表をする傾向があります。

また、自分にも人にも厳しいところがあり、結果が出ないことや効率が悪いことを嫌います。目標に向かってどうすれば良いかを戦略的に考える力、諦めないで頑張る力、最後までやり遂げる力を伸ばすと、スキルの高いリーダーになることができます。

交渉も得意で、納得させることが難しい相手との話し合いを心から楽しみます。しかし、ぶっきらぼうでストレートな発言が多く、自分が正しいと思うことを相手に押し付けようとする一面があるので、周囲からは少し怖い印象を持たれてしまうことも。礼儀や思いやりを大事にする日本社会では少し生きづらいかもしれません。

頭の回転が速いがために説明を最後まで聞かず、結論を急ぎすぎてしまうことがあります。

 ストレスがかかると

すぐに感情的になる人を相手にすると、ストレスがたまります。感情ではなく事実に基づいてスピーディーに行動するENTJにとって、彼らは行動を遅らせる原因になるからです。また、そんな相手に注意をすることで周囲から「冷たい人」と思われないか不安になり、さらにストレスを感じるようになります。

ENTJはストレスがたまると、集中力を保てなくなり、最後までやりきることができなくなります。テレビゲームやYouTubeの動画を見るなど、考えないで済むようなことをして時間をムダ使いし始めます。

一方で、ENTJはストレス状態からすぐに回復できる人でもあります。ENTJにはゴールがとても大切なので、新しいゴールや刺激的な目標ができれば元気を取り戻すでしょう。

人生の先輩からアドバイス

人間関係を大切に

自分の本当の気持ちを整理する時間を設けて

睡眠時間がしっかり取れていないと
パフォーマンスが落ちるので気をつけて

生活のなかで気を付けるといいこと

エネルギーが有り余っているので、目標ややるべきことがない場合はぶっきらぼうになってしまうことがあります。ストレスを人にぶつけたりする可能性があるので、注意しましょう。

ENTJ のエネルギーとカリスマ性を良い方向に持っていくためには、反省することと、感情とうまく付き合う方法を学ぶことが重要です。自分で自分の感情に気付き、コントロールできるように努力しましょう。

人間関係で気を付けるといいこと

ENTJ は「人の気持ちを考える」ことの重要さを理解するまでに時間がかかります。そのため、16タイプのなかで一番人に誤解されやすいタイプです。

良い人間関係を築くには、相手を喜ばせる方法を学ぶ必要があります。自分の考えを言葉で伝えるときには、相手に合った丁寧な言い方を心がけるようにしましょう。

また、相手が求めていることは自分が思っているものと違うことがよくあります。「どんな助けが必要なのか」「どんなことをしたら喜ぶのか」、勇気を持って相手に尋ねてみましょう。

強み

- 一瞬一瞬をムダなく使おうとする
- 目標を達成することに集中できる
- グループを引っ張る強さがある
- エネルギーがある
- 想像力が豊か
- 社会を見通す力がある
- 難しい決断を下せる
- 能力が高い
- 感情を乱すことがあまりない

- 自分を生かす方法を探り、常に挑戦する
- 複雑な問題を一気に解決できる勇気を持っている

弱み

- できないと自分で判断したことには元から挑戦しない
- 自分が正しいと思うことを相手に押し付けようとする
- 自分の価値観、基準で相手を見ることがある
- 周りの人が望んでいない決断をする
- 自分でコントロールできないことは面白くないと判断する
- 自分にも人にも厳しい
- 融通が利かない
- 衝動的な発言、行動が多い
- 人を怖がらせて、自分に都合の良いことを通そうとする

こんな仕事・職場がおすすめ

- 営業職
- 数字の目標を設定する仕事
- 人前で話す仕事

会社や組織を運営する仕事

働くことが大好きで、リーダーシップや組織力を認められることを好むので、評価制度がしっかりと定められている会社や、表彰があるような組織が合うでしょう。

自信があるように見えるので、プロジェクトのリーダーに選ばれたり、大勢の前で話すことも多くなりそうです。

ENTJ にとって、細部にまで気を配り、ルーティーンをこなさないといけない仕事はストレスになりやすいです。

新しい人脈からエネルギーを得られることが多いので、積極的に他業種、他業界の人たちと関わるようにしましょう。

また、ENTJ は起業家精神がとても強いタイプです。人を動かすことが得意なあなたですが、細かいところを見ることは苦手なので、それをきちんと見ることができる人をチームに入れると良いチームができそうです。

40代・女性 ／ 職業 学習塾の運営

個人塾ではなく全国展開している塾なので、ある程度システムが整っています。細かい数字や給料システムがシンプルなところが自分に合っていると感じます。教育にはマニュアルがないので、一人ひとりの生徒と向き合えるところが気に入っています。

50代・男性 ／ 職業 HP制作会社の社長

自分の長所は人を巻き込む力があるところだと思います。社会から必要とされている実感を得ると幸せを感じますし、頼られるとパワーを発揮します。常にポジティブなので、自分のことも周りの人のことも良い方向へ引っ張ることができます。

各タイプとどう関わる？

ESTJの人とは？

あなたは相手の細かいことをきちんとやり遂げる姿や信頼できるところを尊敬するでしょう。相手はルールや記念日、伝統、特別な日を大切にするタイプです。相手を尊重し、一緒に祝いましょう。あなたは自分が正しいと思いがちなので、偉そうな話し方にならないように注意してください。感謝しているところを伝えましょう。

ISTJの人とは？

２人とも意志が強いタイプです。思いやりがない人と捉えられてしまうので、注意が必要です。あなたは相手の細かくて頭脳明晰なところを尊敬しています。相手には情報とそれをじっくり考える時間が必要なので、焦らず待ってあげましょう。また、相手を褒めるときは、より具体的に褒めると喜んでもらえそうです。

ESFJの人とは？

社交的で、計画を立てたり行動したりするのが好きな２人です。どちらも意志が強いので、ぶつかり合いも起きやすいでしょう。あなたは気持ちに鈍感なところがあるので、相手が我慢の限界を超えて突然怒り出すこともありそうです。普段から話し合うことが大切です。相手は記念日などを大事にしているので、一緒にお祝いするよう心がけましょう。

ISFJの人とは？

２人は強い絆を結べる関係です。あなたは相手の優しさや温かさに惹かれるでしょう。相手には時間とゆとりを与え、優しく褒めると喜んでもらえそうです。相手があなたの生活を快適にしてくれていることに感謝してください。ただ、あなたは理想が高すぎるがゆえに議論しがちです。無神経な態度を取らないよう気をつけましょう。

ESTPの人とは？

明るく元気で競争心のある2人です。良いライバルにもなるでしょう。あなたは相手に対して隠し事をする傾向があるので、正直に話すことをおすすめします。相手は自由を大切にしているので、予定をコントロールしないように気をつけてください。正直にストレートに話すことが、2人の関係を構築するうえで重要です。

ISTPの人とは？

物事の考え方や進め方が大きく異なる2人です。あなたはすぐに決めて行動したいタイプですが、相手はゆっくり考えるため、イライラすることもあるでしょう。お互いに気持ちや不安を話すのが苦手です。相手を尊重し、考える時間を十分に与えるようにしてください。大事な話をする場合は事前に伝え、準備の時間をあげましょう。

ESFPの人とは？

忙しいことを好む、活発な2人です。お互いの成功を喜び合います。あなたはスケジュール通りに動きますが、相手は自由で時間にルーズなため、衝突もありそうです。あなたは怖い存在になりがちなので、相手の話をしっかり聴き、受身の姿勢を心がけましょう。ときには計画に縛られず、一緒に楽しい時間を過ごすと良さそうです。

ISFPの人とは？

あなたは相手とのコミュニケーションの取り方を学ぶことで他の人ともうまく関われるようになります。意見のぶつかり合いでイライラすることもありそうです。あなたは議論を楽しみますが、相手はそうではありません。優しい言葉で自分の気持ちや弱さを素直に伝えることを学びましょう。自由で優しい相手と楽しく過ごすことも重要です。

ENTJの人とは？

2人とも自信に溢(あふ)れているタイプです。競争心が強く、弱さを見せるのが苦手なところもよく似ているでしょう。ときには自分の間違いを認めることも大切です。相手を見ていると自分を見ているようでイライラすることもあるかもしれませんが、お互いの気持ちを素直に話す時間を作ることで信頼を築くことができるでしょう。

INTJの人とは？

学ぶことが好きで、創造力を使って問題を解決するのが得意な2人です。相手には時間とゆとりを与えましょう。ペースが速すぎると、ゆっくり進めたい相手の負担になってしまいます。相手をコントロールしすぎないように気をつけてください。悩んでいるときは、冷静に話し合う時間を作りましょう。先に相手の予定を聞くようにしてください。

ENTPの人とは？

2人とも目標に向かって頑張るタイプです。頭の回転が速く、競争心があるところも似ています。相手を人前で批判しないようにしましょう。相手は自由に挑戦することでエネルギーを得ています。ときには自分から相手を誘い、相手の良いところを真似すると、仲が深まりそうです。

INTPの人とは？

学ぶことや知識を得ることを楽しむ2人です。ただ、あなたは自分がいつも正しいと思いがちなので、相手の考えをしっかり聴くように気をつけましょう。相手には1人で過ごす時間とゆとりを与えることが大切です。すべてのことについて話し合うのではなく、本当に大事なことだけを選んで話し合いを進めることをおすすめします。

ENFPの人とは？

とても活動的な2人です。あなたは相手のアイデアをサポートし、相手はあなたのことを理解しようとします。あなたは決断を好み、相手は変化を楽しむので、それが原因でケンカに発展することもありそうです。相手はあなたを「押し付けがましい」と感じているかもしれません。相手の気持ちや考えは変わるものだと理解しましょう。

INFPの人とは？

２人は計画を立てたり、明るい未来について話すことを楽しみます。あなたは相手の温かさや人を見る目に惹かれるでしょう。あなたはキツい言い方をしたり、自分が正しいと思いがちなところがあるので注意しましょう。問題を解決しようとする前に、相手の話を最後まで聴き、良い点を見つけるように心がけてください。

ENFJの人とは？

この２人はパワーがあり、大きな夢を持つ関係です。相手と一緒にいることで、思いやりを学び、人間関係も良くなります。相手には優しく接し、疲れているときでもしっかり話を聴きましょう。また、自分の気持ちを相手に伝えることで、仕事や他のことでも成長することができます。

INFJの人とは？

お互い未来志向で将来の夢を持っています。相手は自分の信念を大事にしている一方、あなたは冷静に判断するタイプなので、意見がぶつかることがあります。すぐに話し合いたいあなたと、距離を取ろうとする相手の性格の違いにイライラすることも。感謝の気持ちを伝えると、安心感のある関係を築くことができます。

ENTJの家族、友だち、知り合いはいますか？

建築家タイプ

INTJ

独創的で完璧主義。
40〜50年先を見ているタイプ

INTJの偉人は……

孫子　ジャンヌ・ダルク　武田信玄

性格

☞ 興味があることに関しては眠らないほど熱心

☞ 自立心があり、オリジナリティに溢（あふ）れている

☞ 権力、地位、肩書にはあまり関心を持たない

一般的な人たちとは違った視点で物事を見ているので、「個性的な人」という印象を持たれることが多いでしょう。自分のビジョンを形にしようと努力する強い意志を持っていて、未来を想像することを楽しんでいます。また、自分を信じる力を持っています。

「建築家」という仕事は、与えられた土地をどううまく活用するか、法律に沿った安全な建物をどう建てるかなど、複雑なことを考えながら図面を作成しなければいけない難しい仕事です。INTJは頭のなかで考えを展開することができるので、まさに「建築家タイプ」と言えるでしょう。自分が大切にしていることや仕事に対して完璧主義な人はこのタイプであることが多いです。

一方で、自分のビジョンや目標に対して細かく確認、指摘されることが苦手です。また、無駄を省くことを優先しがち。相手のためにとった行動が、説明不足のせいで誤解されてしまうこともあります。

本質を見抜く力があるので、物事の奥深くに眠っている事実にまで注目し、分析するタイプです。人の感情に流されることなく組織やグループのために決断することができます。

グローバルな視点を持ち、40〜50年先の物事を考えています。

ストレスがかかると

急な変更や想定外のことが起きると、周りへの気遣いがなくなり、ごく簡単なことができなくなります。ある INTJ の男性は、ドアが引き戸であることに気付かず、パニックになって何度も戸を押し続けていたといいます。

このように INTJ はストレスを感じると、普段は当たり前にできることができなくなります。例えば目の前にあるものが見えなくなったり、思考が停止したりしてしまいます。

また、人や物事を批判的に見たり、突然怒りをあらわにすることもあります。

INTJ のなかにはストレスを感じると過食をしてしまったり、アルコールやネットショッピングに依存してしまう人もいます。

人生の先輩からアドバイス

人との関わりを諦めずに続けよう

運動習慣を身に付けて

想像していない可能性を受け入れよう

生活のなかで気を付けるといいこと

INTJは自分のなかに「絶対的に信じているもの」があり、それに同意してくれない人は能力がないか、知識がない、と考えがちです。人を批判する前に、自分が説明不足だった可能性がないか、考えてみましょう。丁寧に説明することができれば、相手の気持ちを動かすこともできるかもしれません。

自分の信念に揺るぎない自信を持っていることはとても重要なことですが、自分の考えを相手に伝える練習をしなければ、あなたの強みが間違って伝わってしまう可能性があります。

人間関係で気を付けるといいこと

自分が掲げた目標を達成することに集中しているの

で、人間関係を軽視する傾向があります。にもかかわらず、ときどき被害妄想が激しくなり、「誰かが自分を陥れようとしている」と考えることもあります。

人と関わることへの苦手意識を自分から克服してみましょう。

相手の意見や考え方を聞くことで、新しい情報や知識を得られるチャンスがあるかもしれません。自分を成長させるためだと思って、一歩踏み込んでみてください。

強み

- 人とは違う視点で見ることが自然とできる
- 長期的な目標を達成するために頑張れる
- 新しく戦略的なアイデアを出せる
- 成長を熱心に考えている
- 辛抱強く、粘り強い
- 先を見通す力を持っている
- 自分の視点に自信がある
- 効率を上げることを好む
- 想像力が豊か
- 目的を持って進む

- 挑戦することを怖がらない

弱み

- 自分が正しいと思っていることには頑固になる
- 人を見下すときがある
- 自分と違う意見を聞くのが嫌い
- 自分の評価に繋(つな)がることに対して細かすぎるところがある
- 自分の態度や言動が相手にどう影響するか気にかけない
- 細かく管理、指摘されることが苦手
- チームやグループで動く作業が苦手

こんな仕事・職場がおすすめ

- リサーチとデータを大切にする仕事
- 不正を正す仕事
- 自分で予定を管理できる仕事
- 明確な目標を掲げる職場

INTJにとって仕事・職場は、目標を掲げ、計画を練る練習ができる場です。

「目標を実現するために必要なことは何か」を考えることが好きなので、仕事を楽しめる人が多いタイプでしょう。

集中力があるので、すべてのことに目を配りながら戦略を練ることが得意です。しかし、その驚異的な集中力についていける人は少ないので、１人でマイペースにできる仕事を選ぶと良いかもしれません。

INTJ は目標や戦略を作ってもチームと共有しない傾向があるため、チームプレーがうまくいかないことも多いです。チームのメンバーから「頑固な人」と思われてしまうことも多く、職場では特に人間関係のストレスを感じるでしょう。

40代・男性 ／ 職業 フリーランスのコンサルタント

得意なことだけに時間を使えています。自分で取引先を選べるので、自分のことを高く評価してくれる人とだけ仕事をするようにしています。また、フリーでやっているので、誰かを管理しなくても良いところが気に入っています。

20代・女性 ／ 職業 採用担当

現状維持よりも「より良くするには」を考えることに意義を感じるため、常に改善が必要な職場はマッチしていると思います。自分の手で新しく便利なシステムができると、達成感を覚えます。シンプルに説明することが得意です。

各タイプとどう関わる？

ESTJの人とは？

2人とも計画と目標を大事にします。ですが、仕事や情熱を優先し、プライベートを犠牲にしがちです。2人とも意志が強いので、問題の根本を見つけることが難しい場合があります。気持ちや考えを伝え合い、一緒に過ごす時間を作りましょう。柔軟に考えるようにすると、学びがありそうです。

ISTJの人とは？

2人とも慎重で、お互いに安心感を与え合う関係性です。あなたは相手の現実的な性格を尊敬します。あなたは周囲のニーズに気付かないことがあるので、気を付けましょう。また、高圧的な言い方や人前で相手を批判することは避けてください。感謝や気持ちを言葉にして伝えることも大切です。

ESFJの人とは？

コミュニケーションの取り方が違う2人です。相手は話しながら考えを整理しますが、あなたは考えがまとまってから話したいタイプです。優しく話すことを意識し、目を合わせることでさらに良いコミュニケーションが取れるようになるはずです。記念日や伝統的な行事も忘れないでください。

ISFJの人とは？

あなたは相手の誠実さや温かさを尊敬しています。相手は過去や現在の話を好みますが、あなたは未来の話をするのが好きです。相手が他人の意見や社会のルールを気にしすぎると思うかもしれません。相手を理解することをスキルアップのチャンスと捉え、具体的な話をするように心がけましょう。

ESTPの人とは？

相手はあなたに現実的な考え方と笑いをたくさんもたらしてくれます。楽しい関係を築くことができるでしょう。一方で、あなたには１人の時間が必要です。相手にも趣味を楽しむように促し、別々の時間も楽しめるようにしましょう。あなたには相手に対して少し否定的な部分があるので、気を付けてください。

ISTPの人とは？

あなたはパートナーの柔軟さや楽しむ力を尊敬しています。２人とも冷静に考えることや問題解決が得意な一方、自分の弱さや気持ちを伝えることが苦手です。相手を無理に変えようとせず、自由な性格を尊重しましょう。お互いの違いを受け入れ、楽しむことができると、さらに良い関係を築くことができます。

ESFPの人とは？

すべての性質が異なる２人は、違うからこそお互いに惹かれ合います。ですが、あなたの高い目標や未来について考える姿勢が、自由な性格の相手を少し息苦しくさせている可能性があります。相手への気遣いを心がけましょう。自分の気持ちを素直に伝え、優しい話し方を意識することが重要です。

ISFPの人とは？

２人とも１人の時間を大切にしています。相手は良い聞き役になってくれるでしょう。あなたは計画的に動くのが好きなので、相手の時間に対するルーズさにイライラすることがあるでしょう。あなたは傲慢（ごうまん）になりがちで、相手だけでなく自分の気持ちも軽視しがちなので気を付けましょう。自分の弱点や不安を正直に伝えれば、協力してくれるはずです。

ENTJの人とは？

学ぶことが好きな２人です。お互いの創造力を活かして問題を解決することも得意でしょう。競争心が強いところもよく似ています。ときどき自分を守りすぎるところがあるので、気を付けてください。自分の気持ちや弱さを相手と共有することをおすすめします。相手が困っているサインを見逃さないよう心がけましょう。

INTJの人とは？

すべての性質が共通する2人は、とても気楽で落ち着いた関係を築きます。お互いに1人の時間が必要で、自分の意見を大切にするがあまり、相手に譲ることを嫌がる傾向もあります。人前で相手を批判しないように気を付け、お互いの趣味や興味のあることを一緒に楽しめるような時間を作りましょう。

ENTPの人とは？

お互いの考え方やさまざまな理論を共有することを楽しみます。あなたは相手の社交的なところに惹かれますが、一度決めたことを最後までやり切らないところにイライラすることもありそうです。もっと柔軟に考えるように心がけましょう。2人とも深い愛情を持っていますが、伝えるのが苦手で、お互いや周りに対して無神経になることがあります。

INTPの人とは？

似ているところが多く、表面的には居心地が良い関係です。ですが、互いに個人主義のため、一緒に何かをすると意見がぶつかり、イライラすることもあるでしょう。競争心が生まれやすい関係性でもあります。まずは相手の良い点を見つけて褒めるように。その後で気になることを伝えるようにしましょう。

ENFPの人とは？

相手はとても社交的ですが、あなたは1人でいるのが好きなタイプです。また、あなたは物事を前もって決めたいのに対し、相手は変化やその場での決定を楽しみます。自分が間違っていたときは素直に認めると良さそうです。相手の話を最後までしっかり聴き、分かった気にならないようにしましょう。

INFPの人とは？

２人ともお互いの個性と１人の時間を大切にしています。あなたは相手の優しさや思いやりを尊敬しています。問題ばかりに目を向けず、良いところを見るようにしましょう。また、あなたは競争心が強く正しさを求めがちですが、不安や悩みを相手と共有することで、さらに深い関係を築くことができます。

ENFJの人とは？

目標に向かって進む力が強い２人です。相手の世界の見方はあなたと大きく違うところがあるので、勝手に理解した気にならず、相手の気持ちや考えを聴くようにしましょう。優しく接することを心がけ、怖がらせたりしないよう注意してください。カップルの場合は、ロマンチックな行動をとることも効果的です。

INFJの人とは？

２人とも意見がはっきりしていて、自分の好きなものが明確です。あなたは自分の世界に集中しがちなので、相手が感情や行動に反応しすぎているように感じるかもしれません。しかし、人の気持ちを理解することはとても大切なスキルです。人付き合いに困ったら相手に相談するようにしましょう。良い発見がありそうです。

INTJの家族、友だち、知り合いはいますか？

討論者タイプ

ENTP

頭脳明晰で新しいもの好き！
次から次へと飛びつくタイプ

ENTPの偉人は……

レオナルド・ダ・ヴィンチ
平賀源内
トーマス・エジソン

性格

☞ 明るくユーモアがあり、
　コミュニケーション能力が高い

☞ 好奇心旺盛で自主性が高く、独立心がある

☞ 新しいアイデアを思いつくとすぐに行動する

エネルギーに満ち溢(あふ)れ、頭の回転が速く、多才でアイデアも豊富。自分が気になったことや興味を持ったことにとことんのめり込む性格です。物事の大事なポイントをすばやく理解する能力を持っている優秀な人でもあります。また、ENTP は問題について意見を交わすことが好きなので、「討論者タイプ」と呼ばれます。

自信家で自由を好むことも特徴の１つです。

新しいアイデアにワクワクし、可能性を感じると実現するためにすばやく行動する傾向があります。結果的にうまくいかなくても気にせず、「失敗は成功のもと」と前向きに捉えることができます。

時代を作る可能性のある、革命的なアイデアや考えを後世に残せる人です。

一方で、アイデアが豊富なあまり、目の前のことが終わっていないのに次々と新しいことに手を出したくなる傾向も。注意力が長続きしないことも特徴です。

子どもの頃から頭の回転が速いので、これまでに何度か「早口」と注意された経験がある人も多いでしょう。

ストレスがかかると

無口で控えめになり、引っ込み思案になります。

また、細かいことに敏感になり、他人の失敗について過度に批判的になります。

自分の体のケアを怠り、「自分はガンや大きな病気なのではないか」と突然不安になることも。

将来の夢や未来への希望も持たなくなり、調子の悪い状況が永遠に続くと考えるようになります。普段は陽気で行き当たりばったりなのに、堅苦しく融通(ゆうずう)が利かなくなり、小さな問題を重要な問題と捉え、日常的にイライラするようになります。

人生の先輩からアドバイス

人と深く繋(つな)がることに勇気を持って

不得意な分野や苦手な仕事にも挑戦すると世界が広がります

継続することで可能性が広がります

生活のなかで気を付けるといいこと

自分がハマっていることに夢中になりすぎて体調を無視する傾向があるので、まずは夜しっかり寝る、1日3食食事をとる、トイレに行く、などといった基本的な生活リズムを作るように意識しましょう。生活の土台を整えると、生活も仕事もバランスよく回るようになります。

ENTPは、気分のアップダウンが激しいタイプです。

「自分の痛みや不安を聞いてもらいたい」と自分の気持ちを優先する前に、相手の気持ちや相手との関係性を大切にしてみましょう。

人間関係で気を付けるといいこと

自分だけが満足するような内容や話し方をするより、相手にも分かるように話すことを意識すると、良い関係を築いていくことができます。一方的に話すより、"会話のキャッチボール"を意識するようにしましょう。

ENTPは自分の弱さや限界を受け入れる必要があります。「自分は気にしない」「何でも話せる」「自分はあらゆることをオープンに話せる」が口癖で、相手や場を明るくするための努力をする人ですが、実際はとても繊細です。自分自身の不安定な感情をコントロールする難しさを理解しているため、長期的な関係を維持する能力に自信がありません。

自分を受け入れてもらうことへの深い欲求に気付くことで、人間関係を改善することができます。この自覚を持つことができない場合、常に人から人へ、グループからグループへと渡り歩き、誰とも深く関わることなく、常に誤解されていると感じながら、自分自身や周りの人たちに「自分は気にしていない」と言い聞かせ続けることになります。

ENTP が輝くためには、ENTP の豊富なアイデアをサポートし、最後まで付き合ってくれ、さらに、細かい仕事をこなせる人が近くにいることが重要です。

強み

- 人間関係のトラブルや問題を解くために必要な話し合いができる
- 新しくユニークな解決策や視点を導き出すことができる

- 「ピンチはチャンス」だと思い、
  どんな辛い状況でも乗り越える方法を考えられる
- 人、プロジェクト、アイデアを結び付けることが得意
- 周りにポジティブなエネルギーを
  シェアすることができる
- グループを盛り上げることが得意
- どんなチームでも、どんな状況でも、
  周りの人と仲良くすることができる
- 自分のアイデアが役に立ち、
  誰かに喜んでもらえるとより力を発揮する
- 自分と同じようなアイデアが豊富な人と
  一緒にいると、さらにエネルギーを発揮する
- 共同作業をすることで刺激を得る

弱み

- 現実的なことからは目を背けがち
- 大きな目標は常に見えているが、達成のために必要な
  細かい手順を避ける傾向がある
- やりたいことがあると寝る間も惜しんで動くため、
  大事なときに体を壊してしまう
- 自分の意見が相手に影響を与えてしまう
  可能性を考えない
- 正直すぎる

- 自分のアイデアが否定されると極端に落ち込む
- 現実的な人と一緒に過ごすのが苦手
- コツコツ実績を積むことが苦手
- １日の計画を立てて動くことができない
- 深い関係を築くことを避ける

こんな仕事・職場がおすすめ

- 手より口を動かす仕事
- 人前に立つ仕事
- 問題の調査やデータの分析をする仕事
- チームやクライアントと話し合いながら進める仕事
- ０から１を生み出す仕事
- アイデアが必要な仕事

オープンスペースがあり、他人と自由に交流できる柔軟性に溢(あふ)れた職場が理想的です。

新しい人間関係や新しい話題は、新しい視点やデータに触れることを可能にし、ブレインストーミング（アイデアを出し合って話し合う）を可能にします。新しいものを創り出しながら働くのが好きなENTPにとって、冒険好きでスキルのある人たちと働くことは自分の持っているエネルギーを最大限に使えるチャンスなのです。

ENTPが経営する会社は、自由な場所で働けるようなリモートワークがほとんどで、オープンスペースがあったり、チームでブレインストーミングの時間を作ったりすることが多いと言われています。

30代・男性／職業 YouTuber

自分が面白いと思うことを発信することが好きなので、僕にはこの仕事が合っていると思います。コツコツ実績を積むことが苦手なので、ぶっつけ本番でどうとでもなるところも、この仕事の良さです。

30代・女性／職業 マーケター

マーケティングはワクワクできる仕事です。日々いろいろなクライアントと関わるため、さまざまな新情報を得ることができ、それがアイデアに繋(つな)がっていきます。複雑なアイデアを相手に端的に伝えることができるのも自分の良さだと思います。

各タイプとどう関わる？ ENTP Ver

ESTJの人とは？

エネルギッシュで、目標を達成したいという気持ちが強い２人です。あなたは相手の自信に惹かれますが、ルールが多すぎると窮屈に感じるかもしれません。安定と秩序をもたらしてくれる相手に感謝を示しましょう。約束は必ず守ること。自分が間違うこともあると受け入れ、偉そうな言い方はしないように注意してください。

ISTJの人とは？

あなたは人と会うことが好きで、人と会うことで元気になるタイプですが、相手は疲れてしまいがちです。相手はゆっくりしたペースが好きなので、あなたも少しペースを落としてみましょう。安全で安心できる生活を大切にしている相手を尊重し、ルーティンやスケジュールを邪魔しないことを意識するようにしてください。

ESFJの人とは？

明るく友だちが多い２人です。相手はあなたとの関係をとても大切にしています。新しい人とはしゃぐ傾向があるので、相手を不安にさせることもあるので気を付けましょう。大事な日や記念のイベントを一緒に祝うことをおすすめします。相手が大切にしているスケジュールやルールを尊重することで、より良い関係を築くことができるでしょう。

ISFJの人とは？

あなたは相手の落ち着きや誠実さに安心感を覚えるでしょう。一方、あなたは相手に冒険やワクワクを与えられる存在です。相手はあなたの新しい考えに現実的な視点を加えてくれるので、２人は良いバランスだと言えます。時間を守り、大切な記念日やイベントを一緒に祝いましょう。相手は気持ちをため込みすぎて爆発する傾向があるので気を付けてください。

ESTPの人とは？

２人とも明るくおしゃべり好きです。相手は体を動かすことが好きなので、一緒に運動してみましょう。お互いに話すことは得意ですが、聞くのが苦手なため、ケンカになることもありそうです。気持ちをはっきり相手に伝えると冷静に問題を解決できそうです。相手の気持ちを勝手に推測せず、シンプルに向き合うことが大切です。

ISTPの人とは？

考えることが好きな２人ですが、周りとの接し方は大きく異なります。あなたはたくさんの人と出会い、楽しみたいタイプですが、相手は控えめな性格です。相手にはゆっくり、分かりやすく説明することを心がけましょう。相手は簡潔に手短に話そうとするので、大事なことを聞き逃さないようにしてください。

ESFPの人とは？

現実的な相手と未来や将来に興味があるあなた。相手は細部に気付くことができるので、あなたのアイデアをサポートしてくれる可能性が高いです。積極的に相談してみましょう。相手の話をしっかり聴き、意見を尊重しましょう。自分の考えを押しつけすぎないように気をつけることが大切です。

ISFPの人とは？

あなたは議論で勝つことを大切にしますが、相手は優しさを大事にするので、考えがぶつかることもありそうです。相手に気持ちを伝えるために、自分の弱みや本音を話す練習をしましょう。相手には優しく、思いやりを持って接することが大切です。カップルの場合はロマンチックな行動をとることをおすすめします。

ENTJの人とは？

２人とも目標に向かって頑張れる性格で、頭の回転が速いことも特徴です。あなたは議論を楽しむタイプですが、一方、相手は急な変化を苦手としています。やると決めたことは最後までやり通すようにしましょう。約束やルールを破る行動はしっかり覚えているので言葉や行動には注意してください。

INTJの人とは？

世界の見方やいろいろな考えについて話し合うことを楽しむ２人です。あなたは新しい出会いや考え方にワクワクしますが、相手はあまり社交的ではないので、無理に誘わず、１人の時間を大切にしてあげましょう。一緒にリラックスした時間を過ごすことで、お互いの目標を応援し合える関係を築くことができます。

ENTPの人とは？

お互いの考えや夢を応援し合える関係ですが、どちらも自分の意見に自信があるので、ケンカになることもありそうです。感謝の気持ちを伝え、決めたことは最後までやり通す意識を持つようにしましょう。人前で相手を批判しないよう気をつけてください。競い合わず、褒め合うという意識をもつと、良いパートナーになることができます。

INTPの人とは？

２人とも学ぶことや成長することが好きです。あなたは相手を無理に社交の場に連れて行こうとする傾向があります。相手が１人の時間を必要としていることを尊重しましょう。難しい問題を解決したいときには、相手に相談することをおすすめします。あなたはおしゃべりな傾向があるので、相手の気持ちに気を配りましょう。

ENFPの人とは？

冗談を言うことや笑い合うことが好きで、親友のような関係を築くことができる２人です。弱点も似ています。相手に厳しくなりすぎたり、傷つけたりしてしまわないように気をつけてください。相手はケンカを避ける傾向がありますが、問題になる前にしっかり話し合いましょう。

INFPの人とは？

一緒にいるととても楽しい時間を過ごすことができます。あなたは変化を好むので、相手の気持ちを少し重く感じることもあるかもしれませんが、相手はもっと自分と向き合ってほしいと思っています。感謝の気持ちを言葉で伝えるように心がけましょう。2人だけの時間を積極的に取るようにしてください。

ENFJの人とは？

心の繋(つな)がりを持てる関係性です。相手があなたを支えたり助けたりしてくれることに感謝しましょう。相手の繊細な気持ちを「気にしすぎ」と思わず、しっかり聴いてあげると、さらに深く信頼感のある関係を築くことができます。将来の夢について語り合ったり、目標達成のための方法などについても語り合ってみましょう。

INFJの人とは？

「世界はどう変わるか」を考えることが好きな2人です。相手はあなたに、周りの人に与える影響や相手の気持ちを理解することの大切さを教え、計画通り行動できるように手助けをしてくれるでしょう。相手の話をしっかり聴き、自分の気持ちを伝えることで、さらに深い繋がりを持つことができます。

ENTPの家族、友だち、知り合いはいますか？

論理学者タイプ

INTP

世のなかのすべてを理解したい！
知識を得ることが趣味なタイプ

INTPの
偉人は……

チャールズ・ダーウィン　キュリー夫人
カール・グスタフ・ユング
アルベルト・アインシュタイン

問題解決

疑い深い

思想

論理的

分析

性格

☞ **知らない世界を知りたい、全体像を理解したい**

☞ **自分の個性を大事にしたい**

☞ **分析力があるので、解決策を見つけようとする**

普段は物静かで控えめですが、自分の知っていることに関してはおしゃべりになります。

現実よりも「将来」「未来」を重視しています。「論理学」というのは、正しい思考の進め方について研究する学問です。そのため、「論理学者タイプ」は読書や物思いにふけること、推理や知識を得ることが好きで、言葉選びなどに細かいです。一方で、人の気持ちや関係性には疎い傾向があります。人の話よりも自分で調べたことや事実を信じるタイプなので、たとえ親友や家族など近い関係の人の意見であっても本当かどうかを考えがちです。

専門的な知識を持つことを重視していて、自分の個性的な部分に誇りを持っています。周りの人からは「発想豊かな人」という印象を持たれることが多いでしょう。

可能性を探すことが得意で、他の人とは違う目線で考えることが多いタイプです。

「知らない世界を知りたい」「物事を違う角度から見たい」という想いが強く、そのために読書をしたり、情報を集めたりします。あるINTPの男性は1つのジャンルに絞ることなく、さまざまなジャンルの漫画を、時間をかけて読むと話していました。このような行動はINTPの「他の人の世界観を理解したい」という気持ちの表れです。

人生の先輩からアドバイス

人の話に深く耳を傾けて

不安になると相手にキツく当たる
傾向があるので気をつけよう

誰かに指示されたくないなら、
自分で目標と締め切りを決めて

生活のなかで気を付けるといいこと

自分の考えを周りの人に伝えるようにしましょう。そうすることで、自分の考えを分かりやすく伝えるスキルがアップします。

「自分を理解してくれる人」だけに交友範囲を限定する傾向がありますが、それはコンフォートゾーン（居心地の良い場所）を狭くしているだけであることに気付きましょう。自分で自分のチャンスを減らしてしまっているかもしれません。

想像の世界から出てさまざまな体験をし、人脈を広げるなど、現実の世界で日々経験を増やすことでスキルも上がります。

とはいえ、毎日誰かと過ごすとストレスがたまってしまうので、１人で過ごす時間と誰かと過ごす時間を自分でうまく調整することをおすすめします。

人間関係で気を付けるといいこと

自分の趣味や仕事に深く入り込んでしまうタイプなので、人間関係がおろそかになりやすいです。「周りの人にとって何が大切か」を考え理解し、「あなたを認めている」と積極的に伝えるようにしましょう。大事な人には親切な言葉をかけるようにすることで、あなた自身も新しい発見を得られるはずです。

個性溢（あふ）れるアイデアを周りの人と共有することができれば、グループのなかであなたの評価は上がっていくでしょう。

強み

- 自立している
- どんな状況にもすぐに適応できる
- 好奇心旺盛
- 分析力が優れている
- 考えを整理してグラフや表などを作ることがうまい
- グループの課題を考えることができる
- 新たな可能性を見つけることができる
- 調査することが得意
- 新しいことに
挑戦することが好き
- 1人で進めることができる
- 結果をどう出すかを考えている
- 集中力が高い
- 周りから影響を受けない

弱み

- 人の気持ちを考えないときがある
- 自分の感情を表現することが苦手

- 考えが迷走することが多い
- 不安を感じると傲慢(ごうまん)になる
- 愛想がない
- 人についていくことが苦手
- 誰かとずっと一緒にいることが苦手
- 自分の発言が相手にどんな影響を与えるかをあまり考えない
- 説明がないと苛立つ
- 能力がないと判断した人と一緒にいることが苦手

こんな仕事・職場がおすすめ

- 自分のペースで進めることができる仕事
- 社会に影響を与える仕事
- ミーティングなどが少ない職場
- ゆっくり1人になって考えることを尊重してくれる職場

「能力」や「スキル」を重視するINTPにとって、目標を達成し、結果を出すことは重要です。しかし、自分のペースで考えることを好むので、ペースが速い仕事はおすすめしません。チームで動く仕事ではなく、自分のペースで考え、動ける仕事を選びましょう。

厳しいスケジュールやルール、上下関係などがある職場や会議の多い職場には苦手意識を持ちそうです。

社会に貢献することで達成感を得るタイプなので、社会貢献できる仕事を選ぶようにしましょう。

INTPの大きな強みは「周りの影響を受けないこと」です。問題についてじっくり考えて独自のアイデアを出すので、1人で考える時間を確保してくれる環境を選びましょう。

20代・男性 ／ 職業 人材コンサルタント

「人の行動パターンを研究すれば世のなかは優しく豊かになる」と考えています。人材コンサルタントというと相手に寄り添うイメージが強いと思いますが、僕は社会情勢や業界の今後も分析したうえでアドバイスをします。クライアントを通じて社会に価値を提供できたときに喜びを感じます。

30代・男性 ／ 職業 将棋・チェス教室の運営

将棋やチェスは勝ち負けが明確なところが魅力です。「誰かに必要とされたい」という気持ちがあったので、教室を始めました。生徒が大会で良い成績をとったときや階級が上がったときに達成感や楽しさを感じます。論理と感情を分けて考え、妥協せずに取り組むことが得意です。

各タイプとどう関わる？

ESTJの人とは？

問題解決が得意な２人です。あなたはたくさんの情報を集めてから決断したいタイプですが、相手はすぐに決めたがり、あなたに賛成を求めるので、苛立ってしまうこともありそうです。相手にとってルールやスケジュール、記念日はとても大切なので、あなたも大切にするようにすると、深い関係を築くことができるでしょう。

ISTJの人とは？

お互いに落ち着いていて、冷静に話し合うことができます。あなたは新しいことに挑戦することが好きですが、相手はいつものやり方や慣れたことを好み、変化を嫌うタイプです。どちらも意志が強いので、意見の違いを放置しがちです。お互いの気持ちを話し合える場を積極的に作ることで、より深く理解し合えるようになります。

ESFJの人とは？

あなたは相手の温かさや人を助けたい気持ちに惹かれるでしょう。あなたは新しいことを始めるのが好きで、相手はそれを最後までやり遂げることが得意です。相手が周りを巻き込むのを騒がしく感じることもあるかもしれませんが、批判的な態度は相手を傷つけ、ケンカになりやすいので、正直に自分の気持ちを伝えるようにしましょう。

ISFJの人とは？

相手はあなたを大切にし、安心感を与えてくれる存在です。あなたは知識やスキルを大事にしますが、気持ちを表現することは苦手で、相手の求める感情の繋(つな)がりに応えられないかもしれません。相手の話をよく聴き、温かさや心地よさを与えてくれることに感謝しましょう。偉そうな態度を取らないように気を付けてください。

ESTPの人とは？

冷静に考える2人ですが、エネルギーの使い方は大きく違います。あなたは1人で静かに過ごす時間が必要なのに対し、相手は誰かと話していたいタイプ。議論をすることは楽しいかもしれませんが、度を越えるとお互いに正直な気持ちを話さなくなったりするので注意してください。自分の考えを分かりやすく伝える練習をしましょう。

ISTPの人とは？

相手と一緒に体を動かすことを楽しみ、「今」を大切にすると、あなたは人生をさらに楽しむことができます。2人は親しみのあるリラックスした関係を築くことができます。相手と話し合う時間を設け、一緒にいる時間を楽しむように心がけましょう。決して偉そうな態度を取らないように気をつけることも大切です。

ESFPの人とは？

柔軟性があり、変化を楽しめる関係ですが、ときどき話し合いが難しいと感じることもありそうです。あなたは相手や周りの人のことを「分かっている」と思いがちですが、相手からすると偉そうに感じることがあるので注意が必要です。「今」を楽しみ、愛情深い相手との時間を大切にしてください。

ISFPの人とは？

あなたは相手の温かさや、日常の小さな楽しみを大切にするところに惹かれます。あなたを楽しませたり喜ばせようと努力する相手に感謝しましょう。優しい話し方を心がけ、笑顔でいること。相手のそばに座り、自分の気持ちや考えを素直に伝えると、さらに仲を深めることができます。

ENTJの人とは？

２人とも学ぶことや知識を得ることが好きです。あなたは深く考えることが好きですが、相手はすぐに行動に移し、あなたにもそうしてほしいと思っています。自分の考えを話し、積極的に話し合いをしたり、出かけたりするようにしましょう。相手は、あなたが始めたことを最後までやり遂げられるようにサポートしてくれます。

INTJの人とは？

似ているところが多く、一緒にいると心地よい関係を築くことができます。ですが、共同作業をするとケンカになる可能性があります。お互い自分のことで精一杯になり、相手が悩んでいることに気付きません。自分の目標やゴールばかりを優先せず、相手のことを考えるように努力しましょう。

ENTPの人とは？

２人とも学ぶことや成長することが好きで、自立心が強く、議論を楽しめる人たちです。新しいことを始めるのが得意な部分も共通しています。相手は情報を集めることが好きで、考えを深めたり、アイデアを出すことを得意としています。相手の話がなかなか終わらなくても、根気よく聴くように心がけましょう。

INTPの人とは？

２人は知的な繋(つな)がりが強く、問題解決のために話し合いをすることが好きです。ですが、２人ともお互いへの感謝を忘れがち。不安や気持ちを素直に言葉にすることで、さらに深い関係を築くことができます。お互いに感情的な繋がりを求めているので、自分がされて嬉しいことを相手にすると良いでしょう。

ENFPの人とは？

個性的でクリエイティブな２人はお互いに刺激し合える関係を築くでしょう。あなたは相手の温かさや優しさに惹かれていますが、自分の冷たさや無神経さに気付きにくいことがあります。感情を表現し、感謝を示すことを意識しましょう。２人とも面倒なことを避けがちなので、役割分担することをおすすめします。

INFPの人とは？

２人は自分を成長させることに興味がありますが、あまり外からの刺激は求めません。あなたはときどき話し方が冷たくなるので、相手を傷つけるかもしれません。相手の心配りを真似し、感謝を伝える努力をしましょう。また、悪い点ではなく、良い点を先に伝えるようにすると、深い関係を築くことができます。

ENFJの人とは？

お互いに多くを学べる関係性です。あなたは相手が気にしすぎだと思うかもしれませんが、相手はあなたを傷つけないために黙っている可能性があります。相手はあなたが予想もしなかった考えや理由を持っているので、相手の話をよく聴き、優しく話すことを心がけましょう。批判しすぎたときは、素直に謝って。

INFJの人とは？

２人とも独特なユーモアを持っています。安心感があり、信頼できる関係を築くことができます。相手は感情的な繋がりを求めているので、あなたの控えめな性格に寂しさを感じているかもしれません。相手に積極的に感謝の気持ちを伝え、自分が考えていることや今後の計画についてもしっかり伝えるようにしましょう。

INTPの家族、友だち、知り合いはいますか？

運動家タイプ

ENFP

新しい可能性を信じて挑戦する
アイデアマン！

ENFPの
偉人は……

宮沢賢治　ウォルト・ディズニー
アンネ・フランク

性格

☞ 人の扱いが上手

☞ 枠にはめられるのが苦手で
自由な発想力を持っている

☞ 可能性を信じて挑戦する

「運動家」とは、オリジナリティ溢(あふ)れる発想で周りに刺激を与える人のことです。好奇心が旺盛で、ひらめきやアイデアが湧くとすぐに挑戦したくなります。

生まれつき魅力的で明るい性格なので、その温かさとエネルギーで人々を惹きつけるでしょう。人の役に立つことや感謝されることが好きなタイプですが、気持ちが変わるとやる気がなくなります。

良いことも悪いことも言い合えて、お互いに想いや気持ちを大事にし合えるような正直な関係性を求めています。

また、枠にはめられることや可能性を制限されることが苦手です。仕事もプライベートも楽しくやることが大事だと思っています。

同じことを繰り返す作業に退屈さを感じるときでも、そこに意味を見つけ出して工夫しようとするような楽しい人です。相手が求めている言葉を知っているので、人を喜ばすことにも長けています。

ずっと同じ目標を追い続ける人、初志貫徹の人を尊敬していますが、ENFP 自身は新しいことにどんどん飛び込んで挑戦するタイプです。

ストレスがかかると

ENFP は社会のルールや常識が嫌いです。自分の個性を大切にしたいので、「こうあるべき」と言われるとイライラします。

また、ルールを変えようと行動し始めることも特徴です。しかし、面白いと思うことを追いかけて可能性を広げすぎるあまり、タスクを増やしてしまいがち。体の疲れがたまるとストレスを感じやすくなるので注意しましょう。

普段は積極的に意見を言う陽気な人ですが、ストレスがかかると引っ込み思案で物静かな性格になり、些細なことにこだわったりもします。

人生の先輩からアドバイス

時間にも自分の体にも限界があることを学んで

相手の意見があなたを救う可能性を忘れないで

自分の使命を見つけ、それを磨くことを意識しよう

生活のなかで気を付けるといいこと

継続することの良さや喜びを体験しましょう。ENFPは新しいことを始めたり、新しい人に会ったりすることを刺激的で楽しいと感じます。一方で、それらは大きなエネルギーと時間を要すため、本来やるべきことや目標がおろそかになりがちです。

自分のエネルギーとスケジュールの配分をきちんと決めるように心がけましょう。

ストレスを感じたときには、整理整頓や断捨離(だんしゃり)をするとスッキリします。

人間関係で気を付けるといいこと

人の気持ちを理解し、相手が求めることを実行する

のが得意な一方で、繊細な感情を持っている一面を隠そうとします。特に男性のENFPがこの傾向にあります。

自分のなかの隠している一面を身近な人に素直に打ち明けてみましょう。素の自分をさらけ出すことでENFPが求める深い人間関係を築くことができます。

強み

- 創造力がある
- 新しいアイデアが出せる
- 楽観的
- 柔軟に対応できる
- 自分から動く
- 多様性を尊重している
- 自己表現が得意
- 人の気持ちを理解することができる
- 新しいものに敏感
- 人の喜びや悲しみに寄り添う
- 面白そうなことを生み出すのが得意

弱み

- 継続が苦手
- 細部まで注意できない
- 始めるのは得意だが、
最後まで終わらせることができない
- 感情に敏感すぎる
- 興味がないときは態度が悪くなる
- ルーティンを守れない
- 指示に従わない
- ルールや常識を不要だと思っている
- 少ないデータだけを見て誤解する
- 細かい人や細かい作業にイライラする

こんな仕事・職場がおすすめ

- 新しいことや冒険的な挑戦をする企業
- トレンドを生み出す仕事
- 人々が前向きに生きられるようにサポートする仕事
- 社会的弱者を救う仕事
- オープンな環境がある職場

明るく前向きで、新しいことに挑戦できる環境・会社で働くことをおすすめします。

仕事の場はENFPにとってアイデアを共有する場としてとても重要です。アイデアやエネルギーを共有できるオープンな環境を選ぶようにしましょう。例えば、みんなが1つの場所で働いているような大きなオフィスがある会社をおすすめします。

加えて、ルールや常識を守ることが苦手なので、時代のニーズに合った環境を選ぶと良いです。在宅ワークや仕切られた空間にいるとENFPはアイデアが出せなくなってしまいます。そういった環境は避けましょう。

また、常に新しい情報を得ることが必要な「トレンドを生み出す仕事」もおすすめします。華やかな服装が似合い、明るく目立つ人なので、インフルエンサーとして活躍する人も多いタイプです。

30代・女性 ／ 職業 フラワーデザイナー

デザインを考えることと、お客様が商品を見て感動してくれることが最高に嬉しいです。「お客様が求めているものをどう超えていくか」を考える時間を楽しんでいます。仕事に妥協はせず、毎回100％を目指します。同じデザインを作ることは一切ありません。

50代・男性 ／ 職業 企業の社長

相手が話しやすい雰囲気を作るように心がけているので、どんな相手と話しても会話が盛り上がります。人の話を覚えることが得意で、相手の話と自分の経験が繋（つな）がった瞬間に、新しいアイデアが湧きます。個人よりもチームで結果を出すことが好きです。

各タイプとどう関わる？

ENFP Ver

ESTJの人とは？

楽しい関係を築ける２人です。ですが、性格が大きく異なるので、深い関係を保つには努力が必要です。あなたは相手の安定感や信頼できるところを尊敬しているでしょう。時間を守り、約束を破らないように気を付けてください。大きな買い物をしたり、計画を立てたりするときは、相手に相談すると良いアドバイスをくれるでしょう。

ISTJの人とは？

正反対の性格を持つ２人ですが、お互いの弱みを補い合い、惹かれ合います。相手はあなたに現実的な視点を持つことの大切さを教えてくれるでしょう。相手のアドバイスに耳を傾け、考える時間をたっぷり取った後で話し合いましょう。相手はあなたほど変化に強くないことを理解してあげましょう。

ESFJの人とは？

エネルギッシュで活動的な２人です。あなたは相手の現実的なところや相手を喜ばせようとする姿勢を尊敬しているでしょう。相手のために何かをする意識を持ちましょう。話題を変えたいときは、相手にきちんと言うことを心がけてください。お金の管理をきちんとすると、相手に良い印象を与えます。

ISFJの人とは？

人間関係を重視し、人を助けることを大切にしている２人です。約束は必ず守るようにしてください。記念日や特別な日を忘れず、実用的なプレゼントを贈ることがおすすめです。相手のルーティンや伝統を大切にする気持ちを尊重しましょう。一緒にいる人を大切にし、放置しないようにしましょう。

ESTPの人とは？

自由で刺激的でおちゃめな２人です。相手は対立すると迷わず本音を言います。相手は怒りを爆発させた後すぐに冷静になることがありますが、あなたは感情を引きずりやすいタイプなので、ストレートに話すことが重要です。相手はサプライズが好きなので、ちょっとしたプレゼントで気持ちを伝えることが効果的です。

ISTPの人とは？

あなたは新しい人と出会うことが好きですが、相手は１人の時間を大切にします。違いを尊重し合いましょう。相手は言葉より行動で愛情を示すタイプですが、話したがっているときには、注意深く最後まで聴いてあげてください。あなたが相手に話を聞いてもらうときは、同じことを繰り返したり、長々と話しすぎないように注意してください。

ESFPの人とは？

２人はどんなときでも、どんな場所でも面白さや楽しさを見つけることができます。また、感情的な繋（つな）がりを大切にしているところも似ています。２人は絆で結ばれた関係性です。お互いに相手を気遣うあまり話し合いを避ける傾向があるので注意してください。焦らず、ゆっくりと問題を解決していきましょう。

ISFPの人とは？

愛情深く、仲が良い２人です。あなたは相手の優しさに惹かれますが、新しいことを避（さ）けるところにはイライラすることがあるかもしれません。あなたは新しい人と出会うのが好きですが、相手のために集中して話を聴く時間を作りましょう。相手の思いやりを褒め、自分から積極的に感謝を伝えるようにしてください。

ENTJの人とは？

あなたは相手の活発さやリーダーシップに惹かれていくでしょ

う。相手がスケジュールや約束を大切にしていることを尊重し、あなたも約束を守るように意識してください。自分の気持ちは正直に、落ち着いて伝えるようにしましょう。相手にとって誠実な人になれるように努力することが重要です。

INTJの人とは？

可能性を追い求める２人です。あなたは調和を大切にするので、相手がイライラしていると感じると心配になってしまうでしょう。相手は１人でいたいタイプなので、適切な距離感を保つようにしてください。重要な話があるときは、事前に伝え、スケジュールを空けておいてもらいましょう。

ENTPの人とは？

相手とあなたは親友のように深い関係を築くでしょう。相手は自分の考えを説明するのが好きなので、気付かないうちに人を傷つけてしまうときがあります。あなたは繊細で喧嘩を避けたい傾向があるので相手にストレートに話す努力をしてください。どちらも細かいことを気にしない性格なので、何かを一緒にするときは計画通りに進める意識を持ちましょう。

INTPの人とは？

クリエイティブで独特な２人です。２人とも変化を好み、ルーティン化された日常を嫌います。あなたは経験や気持ちを相手と共有することで生き生きとするので、相手とは深く話し合うようにしましょう。また、その必要性をはっきり伝えましょう。ただ、相手にも１人の時間が必要だということを忘れないでください。

ENFPの人とは？

一緒にアイデア出しをすると良いでしょう。２人とも退屈で地味なことが苦手ですが、ときには大人になることも必要です。大変なときは、お互いの面白いエピソードを共有して笑い合うようにしてください。お互いに社交性があり、人間関係を広げることは好きですが、正直な気持ちを伝えることが苦手です。

INFPの人とは？

居心地の良い関係を築ける相性です。お互いを受け入れ、理解し合える存在です。２人とも想像力や感情の豊かさを持っています。ただし、相手はあなたよりゆっくりとしたペースで進めることを好み、１人の時間も必要とします。アドバイスや意見が常に必要とは限らないことを覚えておきましょう。

ENFJの人とは？

温かく愛情深い関係を築き、精神的な繋(つな)がりのあるペアになります。お互いに支え合い、前向きに考えることが好きです。一方、不満を正直に伝えることが苦手なので、伝える練習をしましょう。相手はあなたがエネルギーを集中させ、アイデアを形にする手助けをしてくれます。計画を頻繁に変えないように気を付けてください。

INFJの人とは？

この２人は人を助けるアイデアを考えるのが大好きです。お互いを理解しようと努力し、違いを尊重していくことができます。あなたは相手にもっと遊び心を持ち、外の世界で挑戦してほしいと思うでしょう。相手があなたの苦手なことを引き受ける傾向があるので、定期的に話し合い、お互いに不満がたまらないようにしましょう。

ENFPの家族、友だち、知り合いはいますか？

仲介者タイプ

INFP

感受性豊かで
自分の信念を貫き通すタイプ

INFPの偉人は……

ウィリアム・シェイクスピア　坂本龍馬　金子みすゞ　ダイアナ元妃

性格

☞ 控えめで穏やかだけど芯が強い

☞ 困っている人の話を熱心に聴き、心に寄り添う

☞ 物やお金より芸術や新しい考え方など、
自分の信じるものに心を躍らせる

控えめで口数は少ないですが、思いやりが深く、「どんなに弱い生きものでも守ってあげたい」という気持ちを持つ人です。平和主義で周りの人との調和を大切にする一方、自分の信念を曲げない頑固な一面も持っています。

創造力豊かで好奇心旺盛。人を観察する力に長(た)けています。人の行動を観察し、その人の精神状態について想像をふくらませます。

「仲介者」の特徴として、人と心から繋(つな)がることを求めているので、表面的な付き合いは好みません。自分が持っている信念を否定し、変えようとしてくる人が苦手です。

芸術や美しいもの、可愛らしいもの、神秘的なものに惹かれる傾向があります。

子どもの頃は忘れ物が多い天然タイプですが、大人になるにつれ責任感が強くなり、周りの人を助けるようになります。一方で、人を助けようとするあまり自分がクタクタに疲れ果ててしまうこともあります。

少し変わったユーモアセンスとユニークな視点を持つ人で、1日に2～3時間は空想したり、理想について考える時間を楽しんでいます。

 ストレスがかかると

INFPはリラックスした環境を好むので、衝突や騒音が多い環境はストレスになります。また、支配的な人たちや、結果や数字を第一に考える雰囲気、厳しいスケジュールなど、強制力があるような環境が特に苦手です。

そのような環境でストレスがたまると、INFPは人を批判するようになります。不誠実な行動をした人には特に敏感で、そのことを批判するための行動をとったりもします。

ストレス状態が長期化し、自分が普段とは全く違う行動をとっていることに気付くと、転職や引っ越し、恋人と別れるなど、環境を変えるために動くようになります。

人生の先輩からアドバイス

自分にとって大事な意見は伝える勇気を持とう

重要なことには締め切りを設けて、達成感を得る喜びを学んで

グループのなかで自分が他の人にどんな影響を与えているかを知ろう

生活のなかで気を付けるといいこと

完璧を求める傾向が強く、自分に対して非常に高い基準を設けることがあります。ときにはその基準が高すぎて、達成できないことも。多くの INFP は、自分で設定した目標や基準が自分には達成不可能に思えて失望し、落ち込んだ経験があるでしょう。

INFP には、できるだけ低い目標を設定することをおすすめします。

また、INFP は他のタイプに比べて睡眠不足になることが多く、体調が悪くなりがちです。人を助けることに集中するあまり、自分の体に注意を払わないためです。人を助けることはとても素晴らしいことですが、自分のことも同じくらい大切にしてあげてください。

人間関係で気を付けるといいこと

相手を幸せにすることが好きです。

そのような行動を自然にとるINFPは、常に周りの人から慕われています。

一方で、周りの人を幸せにするために常に多くのエネルギーと労力を使っているため、消耗(しょうもう)すると、できる限り1人でいることを好む傾向もあります。誰かのために動く時間と自分のために動く時間をうまくコントロールしてください。

それから、INFPには自分の価値観を人に押し付ける傾向があります。「絶対に譲れない」と思っても強制したりせず、相手を納得させられるポジティブな理由を考えるようにしましょう。

強み

- 礼儀正しい
- 物腰が柔らかい
- 人をケアすることに時間を使う
- 完璧を求める
- 自分に厳しい

- 自分の気持ちに敏感
- 人に寄り添う
- 自分の意思を持っていて、曲げない
- 集団に平和な雰囲気をもたらす
- アイデアがすぐに浮かぶ
- 表面で相手を見るのではなく本心を知ろうとする
- 文章を書くことが得意

弱み

- 自分のことをおろそかにしがち
- 睡眠不足になることが多い
- 体調を崩しがち
- 高い目標を設定しすぎる
- 仕事を引き受けすぎる
- 理想を大切にしすぎる
- 気持ちを内側にため込みすぎる
- 価値がないと判断した仕事を避ける
- 自分の信念を曲げない
- アイデアを形にすることが苦手

- ダラダラしている時間が長い

こんな仕事・職場がおすすめ

- 人のために道を示す仕事
- 温かく平和な社会を作る仕事
- 変化に寛容な職場
- 幸せを求める仕事
- 個人で目標を立てられる職場

1対1で向き合えて、人の成長をサポートできるような仕事が理想です。

INFPの若者の多くは、コンサルタント会社や銀行、営業職など、ペースが速く、目標に向かって突き進む職場で奮闘しますが、数年で疲れとストレスを感じ辞めてしまう傾向があります。

数字や目標、ルールを守ることを重視しすぎて柔軟性や変化を認めない職場は、INFPにとって悪夢のような場所です。個々で目標を立てられるような自由な環境を選ぶようにしましょう。

INFPは妄想や空想をすることでストレスを発散し、エネルギーを得るので、そういった物思いにふける時間を邪魔しないような環境・人に囲まれるとより活躍することができます。

20代・女性 ／ 職業 カラーセラピスト

子どもの頃から喜びや切なさなど、内側にある感情を大切にしていました。1対1で色を絡めた会話をし、相手の本当の気持ちや隠していたアイデアを見つけられたときに楽しさや喜びを感じます。好きなことや達成したい目標のためなら、たくさん勉強します。

40代・女性 ／ 職業 コーヒー店経営

以前は営業職をしていました。外回りが多い職業の方々がリラックスできる場所を作りたいと思い、コーヒー店をオープンしました。自宅の1階にあるので、自分のペースで仕事ができて、お客様との距離感も調整できるところが自分に合っていると感じます。

各タイプとどう関わる？

ESTJの人とは？

お互いを受け入れ、理解し合える存在です。環境がどう変わろうと、お互いへの信頼はなくならないでしょう。2人とも想像力や感情の豊かさを持っています。ただし、相手はあなたよりゆっくりとしたペースで進めることを好み、1人の時間も必要とします。アドバイスや意見が常に必要とは限らないことを覚えておきましょう。

ISTJの人とは？

お互いの1人の時間や空間を大切にできる2人です。あなたは相手の安定感や頼りがいのある性格を尊敬しています。時間を守り、約束したことはきちんと実行しましょう。予定が変わった場合は、できるだけ早く伝えてください。また、相手があなたとの関係性を安定したものにしてくれていることに感謝しましょう。

ESFJの人とは？

お互いのコミュニケーションや関係を大切にし、親友のように感じられる2人です。一方、エネルギーの大きさと向ける方向が違うため、相手のことを無神経だと感じてしまうこともありそうです。相手に頼らず、自分から連絡を取ったり、気持ちを相手と共有しましょう。早めに考えや気持ちを伝えることを心がけると、喜ばれます。

ISFJの人とは？

友情を大切にし、プライベートの時間を重視する2人です。相手は現実的で、事実に基づいた話を好むため、あなたのアイデアや夢の話には戸惑うことがあります。相手のルーティンやスケジュール、記念日を大切にしましょう。２人で体を動かすとさらに仲が深まりそうです。一緒に楽しむことを心がけてください。

ESTPの人とは？

あなたは相手がありのままの自分を引き出してくれるところに惹かれていますが、この関係には多くの課題が生じるでしょう。あなたは気持ちの繋(つな)がりを求めますが、相手は自由や自立を特に大切にします。自分の気持ちを表現するときは、具体例を挙げるように心がけましょう。一緒に何かに挑戦すると、良い発見がありそうです。

ISTPの人とは？

静かで思慮深い関係を築きます。あなたは相手の落ち着きや自立した性格に惹かれていくでしょう。相手には時間と空間を与え、落ち着いてはっきりと自分の希望を伝えましょう。理想の生活や関係を目指すことはもちろん重要ですが、一緒に楽しむことを忘れないでください。

ESFPの人とは？

あなたは相手の遊び心や冒険的な性格に惹かれますが、相手のスピード感に圧倒されることもあります。あなたはゆっくりしたペースを好むので、自分にはゆとりが必要だということを相手にはっきり伝えましょう。感情をため込んで批判的にならないよう注意し、自分の気持ちを時間をかけて丁寧に伝えることを心がけてください。

ISFPの人とは？

一見穏やかですが、２人とも自分にとって大事なことに関しては頑固で譲らない面があります。小さなケンカが緊張や不安を生むこともあるので、もっと気楽に考え、今この瞬間の楽しさを大切にしましょう。相手と同じ時間を過ごすようにし、愛情を持って接することを心がけてください。

ENTJの人とは?

明るい未来を夢見ることを楽しむ２人です 。あなたは相手のリーダーシップや強さに惹かれています。お互いに多くのことを学べる関係性で、相手はあなたが問題を素早く冷静に解決し、目標を達成するためのアドバイスをくれるでしょう。相手のアドバイスはあなたの助けになりたい気持ちから来ていることを忘れないように。

INTJの人とは?

お互いの個性や１人の時間を大切にする２人です。将来の可能性を見る２人は、お互いの創造性を大切にして過ごします。あなたは相手の知的さに惹かれていくでしょう。一緒に何かやるときは計画や改善ポイントのアドバイスをもらい、やると決めたことをやり遂げると、相手からの信頼がアップしそうです。

ENTPの人とは?

２人とも、周りの人や社会に対してとても好奇心旺盛です。相手は、あなたの緊張をほぐし、人生や人に対する高すぎる理想を和らげる手助けをしてくれます。なんでも楽しむことを心がけると、生活がより簡単で幸せになるでしょう。外に出て人と交流するよう相手に促すと喜んでもらえそうです。

INTPの人とは?

あなたは相手の正直さや個性に魅力を感じます。一方で、２人の関係性は少し薄いので、気持ちの繋(つな)がりを大切にするあなたは傷つくこともありそうです。２人とも問題や対立を避けがちですが、話し合うことで関係に深みが生まれます。落ち着いて自分の気持ちや考えを伝えるようにしてください。

ENFPの人とは?

お互いを完全に受け入れ、理解し合える関係です。あなたは相手の自信やエネルギーの高さに惹かれます。ただし、あなたは問題を無視して急に爆発してしまうことがあるので、注意が必要です。考えることを相手任せにせず、自分から相談することを心がけましょう。

INFPの人とは？

全く同じ性質を持つ２人は、ソウルメイトのような関係になります。お互いにとても感受性が強く、理解し合えることで幸せや安心感を得ます。相手を傷つけたくない気持ちから正直に話さないことがあるので、注意してください。周りの環境や現実から孤立する傾向もあるので、意識して乗り越えることが大切です。

ENFJの人とは？

２人は似た価値観を持ち、感情的な繋がりを大切にしています。あなたは相手の表現力やエネルギーに惹かれていますが、少し頑固になりがちです。傷ついたときは素直に伝えるだけでなく、相手への感謝の気持ちも伝えるようにしましょう。ときには相手と一緒にイベントなどに参加してみるのもおすすめです。

INFJの人とは？

あなたは相手を運命の人と感じるかもしれませんが、いくつか課題もあります。あなたは普段は穏やかですが、自分にとって大切なことには頑固になることがあるので注意しましょう。相手にはその理由をしっかり説明することが重要です。相手は人の目や礼儀を気にするので、尊重するようにしてください。

INFPの家族、友だち、知り合いはいますか？

主人公タイプ

ENFJ

人と人を繋(つな)げる、
生まれながらの教育者タイプ

ENFJの偉人は……

豊臣秀吉　ネルソン・マンデラ　キング牧師

性格

☞ 感情豊かで愛嬌がある

☞ 人を励ますこと、
人と人の出会いの場を作ることが得意

☞ 人の求めるものやモチベーションの上げ方が
直観的に分かる

社交的で人と仲良くなるのが上手なタイプです。人数の多いグループで賑やかに楽しい会話をすることも、少人数でじっくりと深い話をすることも好きなので、どんなときでも誰かと一緒にいることを好みます。好きな人とは本音をぶつけ合うことで深い関係性を築けると信じています。

相手に喜んでもらうことを自分の喜びと感じ、常に人の幸せを願うタイプです。

一方で、自分よりも相手のために動くため、気付かないうちに疲れてしまうことも。何を言っても受け入れるタイプに見えますが、人の言動に傷つきやすい一面も持っています。

ENFJ は人との付き合い方や社会に対して、高い理想を持っています。そのため、人と社会をより良いものにするためのボランティア活動などに興味を持つ傾向もあります。

また、常に周りの目を意識していて、人に迷惑をかけることを嫌います。例えばグループで電車に乗っているときなどは「自分たちの話し声で周りの人に迷惑をかけていないか」などに注意しています。

「人のためになる」と思ったときは、すばやく行動し、周囲の人を巻き込むパワーを発揮するので、「主人公タイプ」と呼ばれます。リーダーになった経験がある人に多いタイプです。

ストレスがかかると

人といることで力を発揮するタイプですが、尽くしすぎてストレスを感じると人に対してとても厳しくなります。また、極端に1人になろうとします。東京で働くENFJの男性は「ここから逃げ出して田舎に行き、毎日1人で静かに釣りをして人のことや仕事のことなどを考えなくて済むようになりたい」と話していました。

さらに、自分を満足させるための過度な発言や行動（ドアをバタンと閉める、怒鳴る、歯を食いしばる、拳を握るなど）が目立つようになります。

人間関係で悩んだときには、相手のタイプを調べるなど、専門知識や客観的なデータを参考に解決しようと考えます。

人生の先輩からアドバイス

手遅れになる前に体のケアをして

自分の感情がどんなときに動くのか理解しておこう

自分の気持ちを大切にして

生活のなかで気を付けるといいこと

「人」を優先しすぎて、自分の気持ちを抑えがちです。自分の幸せや楽しみも大切なのだと理解するようにしてください。気を遣いすぎてしまうので、人と仲良くしようとする前にまずは自分の時間とエネルギーを大切にすることを優先してみましょう。深い人間関係を築くためには、自分の気持ちを理解して、きちんと相手に伝えることがとても重要です。

家族関係に理想が高くなりがちなので注意してください。相手の気持ちや求めていること、状況を考えてあげることで、自立を手助けすることができます。その方が自分も楽になり、より理想の関係を築くことができるので、過干渉せず、適度な距離感を保ちましょう。

 人間関係で気を付けるといいこと

ENFJ は個人的な人間関係にとても高い理想を抱いています。その理想が高すぎて、誰にも満たすことができない場合もあるでしょう。

自分の気持ちや希望をすべて相手が理解してくれるわけではありません。限界に気付き、分かりやすいコミュニケーションを取ることで、信頼と愛で繋(つな)がった関係を長期的に築くことができます。

また、ENFJ は相手の感情を受け取ることが自然にできるため、同じことを他人にも求める傾向があります。相手から自分と同様の反応がなかったり、調和を保とうとしていない様子を見ると「私はこんなに気にかけているのに、相手は何もしてくれない」と、ストレスを感じてしまいます。自分と相手は違うということを理解し、むやみに相手に同じ対応を求めないようにしましょう。

強み

- 相手が喜ぶことを積極的にしようとする
- 人を良い方向へ導くことができる
- 信じた道を力強く進む意志を持っている
- 「何とかなる」と思っている
- チームの調和を保つ
- カリスマ的
- 好奇心、創造性がある
- グループのメンバーをまとめることがうまい
- 人の話を聴く力がある
- 人と人を繋げる
- 共感力がある
- 人前に出ることを苦としない
- 説得力がある

弱み

- グループのバランスや良い関係を続けることに集中しすぎてしまう
- 自信をなくしがち

- 一度自信を失うと、とことんネガティブになる
- 「与えること」に力を使いすぎて、自分のことをあまり見ない
- 融通が利かない
- 自分を責めることが多い
- 落ち込むと黙り込んでしまう
- 非現実的な期待をする
- 客観的に考えない
- 細かいところを見落とす

こんな仕事・職場がおすすめ

- 相手の気持ちを引き出す仕事
- 指導する仕事
- 若くてもリーダーのポジションにつける仕事
- チームで動く仕事

ENFJは熱意のあるチームで働くことを楽しむ一方で、自分の貢献が認められることも望んでいます。細かすぎることを求める組織や、やり方が決まっていて目に見える進歩があまりない組織には不満を感じやすい傾向があります。

新しいやり方を生み出したり、新しい活動に挑戦す

るような職場や、周りの人と一緒にアイデアを出し合える職場を選ぶと良いでしょう。

40代・女性 ／ 職業 16タイプ研修講師

子どもの頃から「なぜこの人はこんな行動、発言をするんだろう?」とよく疑問に思っていました。人への興味が強いので、「より幸せになるためには」「より良い自分になるためには」をサポートする今の仕事が自分には合っていると感じます。

50代・女性 ／ 職業 弁護士事務所社長

わたしは基本的に「できるだろう」と思っているので、さまざまなことに挑戦します。また、人と関わることが好きで、わたしのアドバイスのおかげで相手が良い方向に向かったときに幸せを感じます。人間関係づくり、コミュニティづくりに常に重きを置いています。

各タイプとどう関わる？

ENFJ Ver

ESTJの人とは？

活発な２人は、チームとして協力することで物事を成功に導くことができます。あなたは相手の勤勉さや頼りがい、困難なときでも自信を持っている点からさまざまなことを学ぶでしょう。相手が話し終わるまで待ち、話すときは冷静に説明することを心がけてください。相手の献身的な態度に感謝することを忘れずに。

ISTJの人とは？

お互いの得意分野を活かしてチームとして協力することで、物事をうまく進めることができます。あなたは相手の安定感や勤勉さを尊敬するでしょう。相手に何をしてほしいかを具体的に伝え、相手が考える時間と空間を用意しましょう。自分の話や感情をあまり大げさに表現しすぎないよう心がけてください。

ESFJの人とは？

社交的で頭の回転が速い２人です。あなたは相手の人間関係や人の気持ちを正確に見抜く力を尊敬しているでしょう。相手が可能性について話してくれたときには、たとえ難しいことであっても批判せず、話を聴く姿勢を心がけましょう。相手を一時的に怒らせるとしても正直な気持ちを伝えることを大切にしてください。

ISFJの人とは？

信頼を大切にしている２人です。あなたは毎日の活動で忙しいので相手の優しさや常識的なところ、安定感や安心感に救われるでしょう。何かを変えるときには相手を気遣いましょう。相手が話しているときはしっかりと話を聴き、ルーティンや決まったスケジュールを守れるように配慮してください。

ESTPの人とは？

エネルギッシュで楽しい雰囲気を持っている２人です。相手には自由を与え、物事にこだわりすぎないようにすれば、豊かで充実した関係を築けるはずです。正直に伝えることを意識し、敏感になりすぎないよう心がけましょう。相手には少し無神経なところがありますが、受け入れてあげてください。

ISTPの人とは？

コミュニケーションに悩むこともありますが、違いに惹かれ合う２人でしょう。あなたは冷静で現実的なパートナーに魅力を感じているはずです。相手の話に集中すると、さらに親密な関係を築くことができます。相手の能力や知性を褒め、考える時間を与えましょう。相手からアドバイスをもらうことをおすすめします。

ESFPの人とは？

活動的で常に忙しく、表現が豊かな２人です。あなたは相手の気楽で柔軟なところに惹かれるでしょう。深刻になりすぎたり、悪い結果を心配しすぎないよう注意しましょう。２人で楽しいことを見つけて、同じ時間を過ごすと、より深い仲になります。パートナーが情報を求める気持ちを尊重し、決断を急がせないようにしましょう。

ISFPの人とは？

２人とも、調和を強く求めます。あなたは相手がゆったりとした時間を過ごしている姿に惹かれるでしょう。計画を話すときは、具体的に伝えるようにしてください。話を急いだり、話題を次々に変えないように注意が必要です。相手の選択を批判したり、自分の方が正しいと思い込まないように気をつけましょう。

ENTJの人とは？

大きな夢を持つ、パワフルな２人です。一方で、２人とも主導権を握りたがるため、お互いに会話を譲らず、イライラすることもあるでしょう。はっきりとしたコミュニケーションを心がけ、自分の意見を頻繁(ひんぱん)に変えないようにしてください。目標を達成するために、相手にアドバイスを求めてみてください。

INTJの人とは？

目標志向が強い2人です。あなたは相手との関係を大切にしますが、相手は自分の目標に集中しているため、イライラすることもあるかもしれません。お互い考え方が違うので、誤解を解くためにはコミュニケーションが大切です。相手が自分にとってどれほど大切かを伝えましょう。具体的に話すことを心がけてください。

ENTPの人とは？

人と交流することが好きで、人と上手に付き合うことができる2人です。あなたは相手にとって良いことだけでなく、悪いことも正直に話す必要があります。相手のアイデアや目標を否定せず、肯定的に見るように心がけましょう。また、すぐに結論を出そうとせず、一度放置することもときには大切です。

INTPの人とは？

時間をかけてコミュニケーションを取ることを意識しましょう。相手はストレートな言い方を好みますが、あなたは遠慮してしまうところがあります。嫌だと思ったらはっきり伝える方が相手は喜んでくれます。伝えた後は相手の行動が変わるかを見てください。相手の1人時間を邪魔しないように。

ENFPの人とは？

温かく愛情深い関係を築き、精神的な繋(つな)がりを大切にする2人です。あなたはすぐに決断したがるため、相手にプレッシャーをかけてしまいがちです。辛抱強く待つようにすると、良い学びがありそうです。お互いに対立を避けがちなので、正直に話し合うことを心がけましょう。

INFPの人とは？

親密で気持ちの繋がりを大切にする２人です。あなたは相手の優しさや独特な考え方に刺激を受けるでしょう。相手が静かな時間や空間を必要としていることを尊重しましょう。正直な気持ちを優しく伝えるように心がけてください。また、些細(ささい)なことでも柔軟に対応するよう努力しましょう。

ENFJの人とは？

成長することを大切にしている２人です。お互いに主張が強く、主導権を握りたがるため、対立することもあるでしょう。焦らず、ゆっくり話し合うようにしてください。あなたは不満があると冷たくなったり根に持つことがありますが、不満をため込まず正直に伝えることが大切です。お互いに自立できるよう励まし合いましょう。

INFJの人とは？

一緒にいると居心地が良く、お互いの違いに惹かれ合います。あなたは相手が話をよく聴いてくれることに感謝しているでしょう。ときどきおしゃべりが長すぎて、相手を疲れさせてしまうので注意してください。２人とも意見が強く、こだわりがあるので、ぶつかることもありそうです。

ENFJの家族、友だち、知り合いはいますか？

提唱者タイプ

INFJ

自分の理想を求めて行動し、
社会に大きな影響を与えるタイプ

INFJの偉人は……

イエス・キリスト
エイブラハム・リンカーン
マハトマ・ガンジー

性格

☞ 子どもの頃から自分の理想を持っている

☞ 人生や人との出会いの「意味」を考えがち

☞ あらかじめ計画を立ててから行動したい

「提唱者」とは、自分の理想に基づいて行動し、社会に大きな影響を与える人のことを指します。

穏やかな口調ですが、意志が強く、自分のリアクションに細心の注意をはらっています。心が動いても、表情に出すことはありません。心のなかに自分の人生のナレーターが存在しているような人です。

人生の意味を常に探り、周りの人と助け合って楽しみたいと思っています。どんな場面でも成長できると信じているので、人生の課題を片付けることに時間を使います。人助けの心を持っているタイプです。

自分の周りの人や所属しているグループ、チームをより良いものにしていくことに責任感を持っています。

自分の持っているイメージや理想と違う発言・行動をする人が苦手で、自分の本当の欲求や感情を抑えてしまうところもあります。

子どもの頃から静かでお手本のような人物で、言われたことにはしっかり従います。

お人好しで優しく、勉強も得意なので1から10の細かい説明がなくても理解できるタイプです。「要領が良い人」と言われることが多いでしょう。本来は美術などの創造的で評価基準が分かりづらい科目を好みますが、先生や親を喜ばせることに関心があるため、ほとんどの科目で好成績をおさめることができます。

注目を浴びるようなことは好みませんが、目立たないところで影響を与える存在です。また、何をするにもあらかじめ計画を立てたいタイプで、そのスケジュール通りに行動することを大切にしています。

人助けを人生の目標としているので、進んでボランティア活動などに参加します。

ストレスがかかると

INFJは1人でじっくり考える時間を大切にしているので、邪魔をされるとストレスを感じます。また、しっかり計画を立ててから行動したいので、突然の変更があると嫌な気持ちになります。

このようなストレスを感じると、INFJは自分の欲を満たす行動を過度にとるようになります。例えば、食べることを止められない「過食」という症状に陥ったり、無駄な買い物ばかりしてしまったりします。また、プレッシャーから逃れるために読書やテレビ、映画鑑賞などに長時間浸ってしまう人もいます。

人生の先輩からアドバイス

ときには感情に左右されず、厳しい決断を下さないといけないこともあります

すべての物事に意味や目的があるとは限らない。「ただ」楽しんでみて

心のなかのナレーターに従ってばかりではダメ。自分から積極的に動かないと人生は進まないよ

生活のなかで気を付けるといいこと

完璧主義の傾向があるため、理想の自分でいたいという想いを持っています。また、理想を追い求めることに必死になりすぎて、思い通りの行動をとってくれない人を批判することもあります。

自分への期待を一度捨て、反対意見を受け入れてみてください。社会でうまくやっていくには、自分の理想が現実になるとは限らないことや、自分の理想＝相手の理想ではないことを知る必要があります。

また、自分の世界に閉じこもりがちで、視野が狭くなることがあるので気を付けましょう。散歩に出かけたり、自然の音に耳を傾けたりするとリラックスできるのでおすすめです。体を動かすのも良いでしょう。

人間関係で気を付けるといいこと

調和と平和を求めるため、人を喜ばせることにとらわれてしまうことがあります。人の感情に責任を感じることが多く、人の話を聞くカウンセラーとして注目されることも多いです。

「役に立っている」「必要とされている」ことを好むために、困っている人がいるとすぐに関わろうとしますが、むやみやたらに引き受けないようにしましょう。あなたの人生にさらなる重荷と責任をもたらす可能性があります。

人の話に耳を傾けつつ、自分の感情や欲求、理想をはっきり伝えられるようになることが大切です。はっきり伝えられるようになると、さらに豊かな人間関係を築くことができます。

ただ、「意見を言うこと」と「意見を押し付けること」は違うということは理解しておいてください。

強み

- 人を喜ばせる
- 集団の調和と平和を守る
- 人の役に立つのが好き
- 深く長続きする関係性を築ける
- 思いやりがある
- 面倒見がいい
- 繋(つな)がりを見つけることがうまい
- 人の個人的な成長をサポートする
- 人を元気づけることができる
- 要領がいい
- 団体やクラスのルール、計画を守る

弱み

- 断れず、責任を負うことが多い
- 感受性が豊かすぎる
- 新しいアイデアを受け入れることが苦手

- 批判を自分のことだと捉えてしまう
- 自分の考えを説明する能力が低い
- 怒りをコントロールできない
- 傷つきやすく繊細
- 没頭しすぎて燃え尽きるときがある
- 地に足がついていないときが多い
- 急な計画変更、スケジュール変更があると混乱する
- 自分の理想と違う発言・行動をする人を心のなかで否定する

こんな仕事・職場がおすすめ

- マンツーマンで指導、サポートする仕事
- 知的さが求められる仕事
- SNSを利用する仕事
- スタートアップ企業
- 社会に影響をもたらす仕事

自分の目標を実現するために、自分のペースで取り組めるさまざまな仕事を経験することを楽しみます。仕事はINFJにとってとても重要です。真剣に取り組み、チームの人と目標を達成することで喜びを得るので、チームで動ける仕事が合うでしょう。INFJが成

長するには、自分を認めてくれる人と仕事をすることが一番です。

また、社会に良い影響を与えられる仕事が向いています。クリエイティブな力も持っているので、SNSを使う職業も合うでしょう。

30代・女性 ／ 職業 人材育成会社の代表

人に対して「成長」を促す仕事ですが、わたし自身も「成長」「挑戦」ができる仕事だと思います。夫婦関係や親子関係など、その人の人生に深く関わる悩みの助けになれたときに喜びを感じます。人に頼ってもらえると、いつも以上にパワーが出ます。

30代・男性 ／ 職業 プロジェクト＆コミュニケーションマネージャー

物事をやりきることが得意なので、任された仕事を最後までやり遂げることができます。難しい概念や繋（つな）がりを早く理解できることが自分の強みで、新しい仕事にもスムーズに取り掛かることができます。経験を重ねたことで文章を書くことも得意になりました。

各タイプとどう関わる？ INFJ Ver

ESTJの人とは？

２人とも物事をやり遂げることを大切にしています。あなたは、相手の現実的な思考や物事を早く終わらせる行動力を尊敬しています。考える時間が必要なときは、はっきり伝えてから話し合いましょう。人前で相手を批判しないようにしてください。成果を褒めることを忘れないようにしましょう。

ISTJの人とは？

慎重で、静かな時間や１人の時間を大切にする２人です。あなたは相手の信頼できる性格やストレートに意見を言ってくれるところに惹かれていくでしょう。自分の考えを手紙やメモに書き、相手に渡すことをおすすめします。あなたもストレートに気持ちを伝えるようにしましょう。自分は相手を理解していると思い込まないことが大切です。

ESFJの人とは？

調和を大切にし、周りの人を優先する２人です。あなたは相手の常識的な考え方や、人を助ける姿勢を尊敬しているでしょう。一緒にイベントなどに参加するとより仲が深まりそうです。自分の考えやアイデアを説明するときは、具体的に伝えてください。相手を分析しすぎないように気を付けましょう。

ISFJの人とは？

思いやりがあり、感受性が豊かな２人です。相手はありのままのあなたを受け入れてくれるでしょう。２人の関係を保つための努力を忘れないようにしましょう。相手が大切にしているルーティンやスケジュールを尊重し、あまり変更を求めないようにしましょう。不満や心配事は具体例を挙げて伝えることが大切です。

ESTPの人とは？

2人は全く違うタイプなので、多くの課題に直面するでしょう。あなたは計画を立ててから行動するのが好きですが、相手は「今」を楽しみ、ときに大胆で、あなたに笑いや喜びをもたらしてくれます。考えすぎず、一緒に楽しいことをして、ストレスを発散しましょう。相手には自由な時間と空間を与えるようにしてください。

ISTPの人とは？

1人の時間や距離感を大切にしている2人です。行動で感謝を伝える努力をしましょう。サプライズなどで相手を驚かせることも効果的です。対立したときは、相手の気持ちを勝手に分析しすぎず、ストレートに疑問を聞いてみましょう。相手はあまり自分の気持ちを話さない人です。理解してあげましょう。

ESFPの人とは？

相手の計画や検討なしに物事を始める姿にストレスを感じるかもしれませんが、それが相手のスタイルで、ワクワクする結果を生むこともあります。相手のストレートな話し方に戸惑うかもしれませんが、正直に答えることで深い関係を築くことができます。前向きな気持ちで向き合うと、良い発見がありそうです。

ISFPの人とは？

お互いの気持ちや求めていることを大切にできる物静かな2人です。あなたは相手の優しさに惹かれています。自由を好む相手をあまりコントロールしないようにしましょう。決断する前に情報を集める時間を持つようにしてください。現実的な考えを持つ相手と一緒に人生を楽しみましょう。

ENTJの人とは？

2人とも未来志向で、夢を持つことを楽しみます。相手のストレートな言い方に傷つき、距離を置きたくなることがあるかもしれません。一方で、相手はすぐに問題を解決したがるので、溝が広がる可能性も。自分のことや調和を重視しすぎず、もっと気楽に関わることを心がけましょう。

INTJの人とは？

２人とも意見がはっきりしているタイプで、自分の好きなことに集中したい完璧主義者です。それぞれが「自分のやり方」を持っているので、相手の考えを受け入れることが難しいと感じるかもしれません。お互いに歩み寄ることを忘れず、協力し合うことができれば、２人はパワフルなペアになるでしょう。

ENTPの人とは？

正反対に見える２人ですが、どちらも新しいアイデアを探せるエネルギーを持っています。相手はあなたに挑戦する勇気を与えてくれるでしょう。相手の無神経さに悲しくなることもあると思いますが、冷静に自分の気持ちを伝えることが大切です。議論を避けず、楽しむようにしましょう。

INTPの人とは？

お互いに理解しようと努力することで大きな安心感を得ることができます。あなたは相手の革新的な考え方や自立心を尊敬しています。２人とも対立を避ける傾向がありますが、相手は問題に気付かないこともあるので、あなたが自分の気持ちを分かりやすく伝えることが大切です。相手をコントロールしすぎないよう注意しましょう。

ENFPの人とは？

人助けをエネルギーとしている２人です。あなたは前もって決めることが好きですが、相手は変化を楽しむタイプです。相手と深く関わることで、柔軟になり、思いがけないチャンスを楽しめるようになるでしょう。あなたは怒ると引きこもりがちですが、相手にはその気持ちを受け止める力があります。

INFPの人とは？

2人とも感受性が強いタイプです。別々の時間を過ごしたり、一緒に体験できるようなアクティビティをしてみるなど、バランスを取るようにしましょう。相手は少しルーズで締め切りを守ったり目標を達成したりすることにあまり責任感を持っていません。イライラしても、話すときのトーンに注意しましょう。

ENFJの人とは？

2人とも気持ちの繋（つな）がりや人生の意味を大切にしています。相手はおしゃべりが好きで、常に話したがりますが、あなたには1人の時間が必要です。2人とも物事をコントロールしたがり、傷つきやすいため、意見がぶつかることがあるかもしれません。お互いの違いを笑い合うことで、さらに仲が深まるでしょう。

INFJの人とは？

「ソウルメイト」と話す人たちもいるほど、この2人は強い絆で結ばれています。あなたは高い理想を持ち、そこにこだわりますが、2人の関係をより良いものにしたいのであれば、柔軟になることを心がけましょう。相手から聞いてくれることを待ったりせず、自分から気持ちを伝える努力をしましょう。

INFJの家族、友だち、知り合いはいますか？

おわりに

『16タイプ診断でわかるあなたのトリセツ』、いかがでしたか。

この本を読むことで、少しでも自分と向き合う時間が作れましたでしょうか。

「16タイプは、今まで知っているようで知らなかった自分と出会うためのもの」と『はじめに』でお伝えしましたが、実はもう１つ、16タイプを学ぶ目的があります。

それは、**「自分ととことん向き合う時間を作ること」**です。

この本を通して、「自分の強みはここなんだ」ということが分かって前向きになれたり、「ここは自分の弱みだから注意しないと」と考えたりする時間を持てるようになれば、人生が生きやすくなり、挑戦もしやすくなるのではないかと思います。

タイプに関する研修やコーチングをしていると、ときどき、自分のタイプを間違えて認識している人と出会います。その原因は「ありのままの自分」ではなく、「理想の自分像」や「周りが理想とする自分」を思い浮かべながら診断を受けてしまっていることにあります。

「理想の自分像」や「周りが理想とする自分」を捨て、とことん自分と向き合い、「ありのままの自分」で16タイプを学びましょう。

この本があなたの宝の地図となり、コンパスとなりますように。

タイプコーチ
権藤 晴美

権藤晴美（ごんどう・はるみ）

16Type 株式会社代表取締役社長。タイプコーチ。ハーバード大学院卒業後、ベルゲンコミュニティカレッジで世界宗教および宗教哲学の教鞭を執る。また、United Press International（UPI）に入社し、ジャーナリスト志望の学生のトレーニングおよびニュース記事のジャーナリズム基準を測定するプログラム開発に努める。その後、米国におけるMBTI マスター資格を取得。心理機能とユングの「アーキタイプ」について独学し、タイプトレーナーを育成するためのメソッドを開発。現在は、最少2人から最大60人規模のグループ研修・コーチングを実施している。

すぐる画伯（すぐる・がはく）

神奈川県横浜市出身。吉本興業所属のイラストレーター。中央大学理工学部卒業後、横浜市役所での1年間の勤務経験を経て芸人の道へ。現在はイラストレーターとして活動し、SNS で1コマ漫画を毎日投稿し続けている。また、Zoom を通して4000名以上の似顔絵を描く。書籍の装画や企業のパッケージ、キャラクター・グッズデザインなどを手掛ける。著書に『1秒できゅんとする！　ほのぼのザわーるど』（宝島社）、『1日1ページで癒される　366日、やぁねこといっしょ』（ヨシモトブックス）。

参考書籍

- **Just Your Type: Create the Relationship You've Always Wanted Using the Secrets of Personality Type**
  Paul D. Tieger、Barbara Barron-Tieger(著)/Little, Brown & Company
- **16タイプ別 性格BOOK　本当のあなたの探し方 育て方**
  キム・ソナ(著)、ハン・セジン(イラスト)、李ソラ(訳)、
  学習院大学文学部心理学科教授 吉川眞理(テスト監修)/世界文化社
- **Type Talk: The 16 Personality Types That Determine How We Live, Love, and Work**
  Otto Kroeger and Janet M. Thuesen(著)/Dell Publishing
- **Type Talk at Work: How the 16 Personality Types Determine Your Success on the Job**
  Otto Kroeger with Janet M. Thuesen and Hile Rutledge(著)/Dell Publishing
- **Was That Really Me?: How Everyday Stress Brings Out Our Hidden Personality**
  Naomi L. Quenk(著)/Nicholas Brealey Publishing
- **Gifts Differing: Understanding Personality Type**
  Isabel Briggs Myers with Peter B. Myers(著)/Davies-Black Publishing
- **Katherine and Isabel: Mother's Light, Daughter's Journey**
  Frances Wright Saunders(著)/Consulting Psychologists Press, Inc.
- **16タイプの性格診断:自分ってどんな人だろう**
  NPO法人タイプLAB テキストチーム(著)

Book Design

TYPEFACE:渡邊民人、谷関笑子、森岡菜々

Special Thanks

ESTJ……稲田美紀
ISTJ……浅野明子、高橋茜
ESFJ……石井彩香
ISFJ……大島あすか
ENTP……藤澤早苗、こおり
INTP……別井千尋
ENTJ……黒詰清子
INTJ……伊東てるみ
ESFP……大滝恵利
ISFP……出来侑
ESTP……石井三貴子
ISTP……高橋充弥
ENFP……水野孝基
INFP……寺尾誠子
INFJ……広瀬絵里香、中村由子

吉本興業株式会社:大和裕佳子、須永彩花

16タイプ診断でわかる
あなたのトリセツ

2025年4月5日　第1刷発行

著　者　　権藤晴美
イラスト　すぐる画伯
発行人　　見城 徹
編集人　　菊地朱雅子
編集者　　茂木 梓　袖山満一子
発行所　　株式会社 幻冬舎
〒151-0051 東京都渋谷区千駄ヶ谷4-9-7
電話：03(5411)6211(編集)　03(5411)6222(営業)
公式HP：https://www.gentosha.co.jp/
印刷・製本所　株式会社 光邦

Printed in Japan　ISBN978-4-344-04419-7 C0011

この本に関するご意見・ご感想は、下記アンケートフォームからお寄せください。
https://www.gentosha.co.jp/e/